Les Presons Imaginaries

Pedro Corominas

en Bernat Rodriguez escri à penyora

Tat

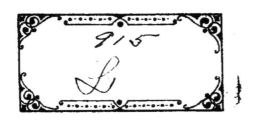

LES PRESONS IMAGINARIES

PERE COROMINAS,

LES
PRESONS IMAGINARIES

BARCELONA
TIPOGRAFIA «L'AVENÇ»: RONDA DE L'UNIVERSITAT, 20
1899

(pr

AN ELS QUE L'HAN SALVAT DE LA MORT

I DESLLIURAT DEL PRESIRI

DEDICA AQUESTES IMPRESSIONS DEL CAPTIVERI

L'AUTOR

o

HISTORIA D'AQUEST LLIBRE

I

A la tarda del 18 d'Agost, quan ja havien passat més de dos mesos d'ençà del fet del carrer de Cambis, van venir a agafar-me a casa meva dos poliçonts, que m van trobar ben sol am la pobra mare. Aquella nit ja vaig dormir a les presons militars, i al cap de dos dies me van portar al castell de Montjuic, ont hi he estat pres aprop de dèu mesos.

Allí dalt he gaudit i sofert com mai de la vida. En el castell quasi bé llegendari, on cada nit surten les ombres de les victimes, també jo hi tinc esgarrifosos records. En aquells glacis he vist plorar la mare, en aquells murs he vist les reixes farcides de presos que m guaitaven quan entrava lligat per la poterna; allà en un

recó me van escorcollar; de dalt estant d'aque-
lla bateria vaig tornar a veure Barcelona després
de viure molt de temps encalafornat en els cala-
boços; d'aquelles cisternes he puat aigua vol-
tat de tropa; i en molts d'aquells calaboços de
la Plaça d'Armes encara us diria les vegades que
m'hi varen espurnar els ulls i us ensenyaria l
recó de les meves llagrimes.

Sota la volta de l'entrada, a dins d'aquella
portà baixa que a sobre hi té pintat un *dos*, hi
havia un altre temps la quadra d'un cavall. Alli
dins, a les fosques, m'hi van tenir onze dies.
Am les mans exteses tocava a les parets de cada
banda. A la menjadora hi vaig posar la roba, a
l'abeurador hi tenia les eines de la vida solita-
ria, i per terra ls llibres tapaven els forats de les
rates; les baldoses, humides sempre, donaven
a l'estable una frescor de cova. Un llit de posts
i bancs, una portadora pera fer les feines, una
galleda amb aigua i un gibrell, omplien el cor-
ral, que no fa molt va esser tirat a terra, i ara
no més hi queda la feixuga porta, darrer record
de tant vergonyós estable.

El qui a l'entrar a la Plaça d'Armes segueixi
el porxo a mà esquerra, trobarà la portalada de
l'escala que baixa als soterranis del castell: se-
tanta dos esglaons, que mai s'acaben; en el
replà del mig hi ha un reixat que dóna als ca-

laboços dels martiris i dels condemnats a mort. A baix de tot, per un forat ample i fondo, vaig veure l *zero,* el calaboç d'esgarrifoses llegendes, i més avall hi ha una quadra llarga ont he viscut un més am cinc homes condemnats a mort. Dos dies després van fusellar-ne un a la matinada i em van separar dels altres que havien pogut salvar la vida.

Els que m volien perdre perquè no m coneixien, no van estalviar-me ls sofriments morals: a copia de llevar-me coses terribles van fer que l Fiscal demanés la meva mort. Si jo pogués escriure les impressions d'aquella engunia de morir, d'aquella espina clavada al cervell, seria un gran artista. Després, de mica en mica vaig anar guanyant tot lo perdut, i a la tarda del dia 10 de Juny de 1897 van treure-m del castell pera portar-me al desterro, on va venir am mi la meva mare. Toulouse, Lourdes i Hendaye són les estacions d'aquesta via dolorosa de mig any per terres estranyes, acabada amb el retorn a Espanya i el repòs a Llers, la vila dels sèt castells, aixecada sobre una de les primeres ondulacions de la cadena pirenenca.

El pensament de fer un llibre de les meves penes no va deixar-me en tot el captiveri. Una nit, del calaboç estant, vaig sentir a sota terra el cant d'un boig, una veu fonda i descom-

passada que feia sentir fred sota la pell. Aquell
home també m'havia acusat a mi, els llavis i
les munyeques brutes de la seva sang, la cara
esllanguida, els ulls esparverats. No se sap si
els sofriments o la conciencia li van fer perdre l
seny; però l cas és que ell cantava, el pobre
boig, cantava, i amb uns crits que m trencaven
el cor ens cridava pel nom i ens demanava a
tots que l perdonessim. Paria afusellat, si la
teva ànima pogués venir als meus braços, me
la menjaria a petons: vès si t perdono.

Per primer cop a la meva vida vaig sentir la
bellesa del dolor, i d'aleshores ençà l llibre va
tenir per objecte recullir artisticament la bellesa
tragica de moltes impressions del captiveri. I
quan vaig anar am la mare cap al desterro i a
ran del Bidassoa hi vaig fruir l'idili melanco-
nic de veure-ns sols i en llibertat a l'ultim,
l'idea m va venir d'acabar el llibre amb els
records d'aquelles llargues i quietes hores d'Hen-
daya, amarades d'una gran tristesa.

Veus-el-aquí, el meu llibre, el que ofereixo
als homes que senten set d'amor. Acorralat
com una bestia folla pels que m volien perdre,
quan queia a sobre meu la bava llafiscosa de les
rancunies humanes va devallar fins al fons de la
meva ànima un desig d'estimar. Enfront dels
que propaguen el mal, dels que confonen la

justicia am la venjança rancuniosa, presento
als que m llegeixin el pa eucaristic d'aquell
amor que va arruixar-me l'ànima quan el mal
cor dels que m perseguien m'arrossegava fins a
les portes de la mort.

II

Amb el nom de *Les Presons imaginaries*
vaig començar el primer capitol del llibre, com
si volgués fer la narració de totes les meves
penes. Però tot d'un plegat me va sobtar l'idea
de recullir en un treball isolat el terror que
l'historia dels martiris va escampar per totes les
celdes del castell: l'imatge d'una *Cova de llops*
sem va fixar a l'esperit i va anar inflant-se d'im-
pressions paoroses fins a arrodonir-se en la lle-
genda que a l'ultim vaig escriure tot d'un tret.

Aquella obsessió punxanta de la mort havia
durat tant de temps que a l'ultim ja parlava
d'ella com si fos un esser de carn i òssos. Co-
mençava a pensar que no m matarien, però
encara de tant en tant me pessigava l'ànima la
vella engunia de morir, i una nit que no podia
treure-me-la del cap la vaig escriure en *La meva
companya*. El simbolisme d'aquest article des-
vetllarà séns dubte l'impressió pura millor que

una relació psicologica d'engunies que no s poden contar.

Desde les reixes de la celda s veia l mar i un ꝺocí de la plana del riu. Pera mi i pera ls altres nou del meu calaboç, allò era tota la Naturalesa: un espectacle de llibertat. Quantes hores he passat en aquella reixa veient aixecar-se l sol sobre les aigües, reflectir-s'hi de nit la blanca lluna, arrossegar-s'hi moltes vegades la boira baixa! I, rumiant aquestes impressions, vaig pensar escriure-les en un capitol, *El mar desde la celda*. Però mai me lleu de fer-ho: sempre tinc por de malmetre l'imatge bella que enlluerna la meva ànima.

Una tarda van entrar els soldats a la nostra celda i van endur-sen un home que havia estat sèt mesos tancat am mi: el treien pera matar-lo; i això m va trasbalçar tant, que, després d'abraçar-lo i omplir-li la cara de petons, vaig poder plorar com una criatura, per primera vegada d'ençà que era al Castell. Mai havia pogut arrencar-lo, aquell gran plor, ni quan pensava que m matarien; i, així que m vaig haver esbravat, la ploma se n'hi va anar tota sola a escriure *Les morts imaginaries*. Però dos dies després van portar-me a la celda dels condemnats a mort i vaig perdre l paper, i mai he pogut afectar-me prou pera escriure-l altra vegada.

Això és lo que vaig escriure estant en el Castell. I el que ho llegeixi, si bé s'hi fixa, hi trobarà una opressió, una sequedat d'ànima aixerreida per la violencia de la vida patibularia. Tot se ressent de la dificultat que tenia de fixar l'atenció, sempre amb aquell neguit de la llibertat perduda. I quan vaig anar am la mare cap a França, el primer capitol que vaig escriure respira ja la calma serena que m'envolcava l'esperit. La llibertat retrobada i l'idili dels primers dies van donar-me l'idea d'escriure desseguida un dels ultims capitols de la obra: *I el Castell ja és lluny...*

Però encara no tenia més que l començament de *Les Presons imaginaries,* i mentres tant l'idea del llibre s'havia arrodonit, i, de narració que volia esser al principi, s'havia tornat pom d'impressions del captiveri. Per això aleshores vaig acabar el primer capitol fent de manera que fos el preludi dels demés, historiant-hi l començament de la meva desgracia, l'estat de la meva ànima a l'esser agafat i el trastorn psiquic que havia d'esser el precursor de les hores desesperades que venien.

Aleshores va esser quan a Santa Agueda va esser mort en Canovas, i els meus perseguidors van arreglar-s'ho tant bé pera que l meu nom sortís en els diaris, que fins vaig estar a punt d'esser embolicat en el nou procés. Però mai m'han faltat homes que m protegissin, i els d'Hendaya ho van fer de tot cor: an ells els dec que les autoritats franceses no m'atormentessin, i per la seva valenta intercessió no vaig tenir d'anar-men de la vila d'istiu que era pera mi lloc de desterro. Però no més de veure plorar a la mare crec que aleshores vaig patir més que mai; i, aprofitant aquelles emocions que m recordaven els dies més desesperats del captiveri, vaig escriure *Les Furies de l'Instint*, viatge a l'*Inconscient* de la nostra ànima, en que, arrossegat pel meu dolor, m'acosto a les fondaries ont els Instints hi jeuen, i com més sofreixo més m'agraden i ells més me volen aconsolar: l'orgull, l'egoisme, la furia sexual, l'odi i la venjança proven de fer-me seu, i sols l'amor me salva.

El llibre ha arribat en el seu moment culminant: en els *Dies de Sol* l'idea generosa esclata, quan encara ls sofriments morals em punxen i corsequen. El capitol de *Les Furies* no s compendria sense aquesta explicació de la meva idea en els *Dies de Sol*, idea que quasi bé en tots els altres capitols se reproduirà, encara que sentida d'una altra manera.

La mare, mentres tant, m'havia contat les seves penes, i vaig sentir l'aspre desig de pro-

fanar-les presentant-les en el meu llibre. Mai
l'he llegit a ningú aquest capitol que ara dono
a l'estampa amb el titol de *La mare del pres,*
pagines d'una fonda emoció, escrites am les
llagrimes als ulls i trasbalçat el cor. Aquells
que motegen amb el nom de sentimentalisme
tota explosió passional d'idees intensament vis-
cudes, poden passar-lo de llarc, aquest capitol,
que res els diria, i jo ls agrairé am tota l'àni-
ma que no l profanin am les seves mirades
indiferents.

A l'acabar d'escriure aquest treball vaig
quedar ensorrat per una malaltia que va durar
molt temps: un soroll perfidiós que sentia a
dintre del cap no m deixava fixar l'atenció en
cap exercici intellectual. En aquells inacabables
mesos d'avorriment no més vaig tenir dos mo-
ments bons pera escriure ls dos primers articles
d'*A ran del Bidassoa:* això explicarà la sensació
aplanadora que dóna l llegir-los.

L'indult a l'ultim va venir i men vaig tor-
nar a Espanya, a la vila de Llers de l'Empurdà.
Me va fer molt de bé trobar-me entre tanta
gent que m'estimava, i am l'aire sà de la tra-
montana pirenenca, la vida tranquila i reposada
i l'espectacle amansidor de la Natura l cor sem
va curar i una pau serena va envolcar-me
l'ànima. Aquella comunió constant am les grans

decoracions de la Naturalesa dóna com una reposada majestat an els ultims capitols de la meva obra. *La marxa del batalló* i *Les nits patibularies,* escrits en el poble de Torroella de Fluvià, quasi al bell mig de la planuria empurdanesa, i *Les anyorances de presó* i *A ran del Bidassoa,* escrits a Llers, reflexen la sossegada calma del meu esperit.

Mai he sigut tant fondament feliç com en aquells dies de goig suau que valen una vida. A l'ombra d'oliveres seculars, en la planuria daurada de cimbrejantes espigues, la meva ànima ha anat vestint les ultimes idees del meu llibre de paraules harmonioses i rumbejantes de frescor. Pagines dolces i serenes, vosaltres sou les preferides del meu cor, perquè al llegir-vos me porteu a la memoria aquells dies de goig suau passats a la terra santificada pels records dels meus pares.

III

És facil que aquest llibre vagi a parar a mans de gent treballadora que no ha pogut enterar-se de les moltes reformes introduides en el modern català literari. Per això he pensat que convindria dir quatre paraules en aquest prolec perquè ls lectors no m prenguin per altre.

El català que avui se parla a Barcelona, centre literari de Catalunya, és el que jo he pres com a nervi o materia primera de la meva obra. Quan aquest llenguatge, netejat d'estrangerismes inutils, no m'ha donat les paraules que m feien falta, les he buscades en el dialecte empurdanès, per esser el que més bé coneixia; i quan encara no n'he tingut prou, he mirat de catalanisar una paraula estrangera o n'he derivat de velles conegudes una de nova. Quasi bé mai he fet com els poetes academics, tant aficionats a aixecar morts, a revifar paraules d'una llengua rovellada. El dia que l català literari s'hagi enriquit am les paraules exclusives de cada un dels nostres dialectes, serà una llengua rica i viva a la vegada que s podrà riure dels poetes funeraris.

Però l català no pot escriure-s tal com se llegeix i com se parla. Tenim una pila de lletres que s poden llegir de diferentes maneres, i s'ha de tenir això molt en compte pera no donar un regust ranci a escrits que no ho són gens. Aixì totes les *e* que no siguin accentuades se pronuncien com una *a* fosca. (No parlo de l'accent que s'assenyala *é,* sinó de l'accent que fa una silaba més forta que les altres: la *e* de *maleta* no porta accent ortografic, però és accentuada i s'ha de pronunciar com una *é*.) La *e* de la pa-

raula *Barcelona* tots els barcelonins la pronun-
ciem com una *a.* Així també ls plurals en *es*
els fem en *as,* etc. La *o* no accentuada s'ha de
dir com si fos una *u: ferro* s pronuncia *ferru.*
La *r* final quasi bé mai se pronuncia: *fer,* tot-
hom diu *fe; carrer,* tot-hom diu *carré,* etc. Des-
prés hi ha les *e* i les *o* obertes i tancades, que
tots els catalans distingeixen sense que se ls hi
hagi de senyalar.

Moltes altres regles de pronunciació podria
posar aquí, però no hi fan cap falta. Qui vul-
gui llegir bé l català del meu llibre, que s faci l
carrec de que allò mateix ho diu de paraula an
el seu pare o a la seva dòna o als seus fills:
aquest català que s parla a casa és el més pur de
tots els que conec.

IV

Llevat d'aquestes explicacions, tant indis-
pensables, tot lo que segueix del llibre està fet
com si fos una novela: havia de parlar de coses
molt terribles i he pensat que podria fer mal an
els que m persegueixen anomenant-los. Ni l
nom del castell hi entra per res: noms de per-
sones i de coses, tot queda oblidat. No vui des-
pertar rancunies contra ningú: la meva boca
sols s'obrirà pera demanar la llibertat dels ig-

noscents. Qui sap si ls infeliços que m volien perdre avorriran més que tot això de no voler-los tenir ni un borrall d'odi!

Aferrat a l'idea d'apartar del llibre tot indici que pogués donar-li concreció d'historia, tampoc anomeno mai an els homes de cor que van ajudar-me a sortir del mal pas. Ben mirat, encara pot-ser els portaria mals-de-cap si ls anomenava tots. An ells els he dedicat el llibre: a la primera pàgina està en lletres de motllo la dedicatoria, i a la meva ànima hi tinc clavats un per un els noms dels que van salvar-me i no hi ha perill de que ls oblidi mai més.

Així totes les planes queden pera les impressions doloroses, deslligades de tota altra relació que no sigui l baf d'amor humà que del dolor s'aixeca: el llibre parla als homes de pau i d'amistat i és un consol que presento als que sofreixen. Pot-ser digui l lector que l'obra seria més interessant si s reduís a la narració episodica de les meves penes: és veritat, però jo no he volgut fer una historia, i és feina que si per cas deixo per un altre dia. Així pot-ser molts s'hi avorreixin tot llegint-ho, però estic segur de que ningú hi apendrà a avorrir.

Ara no més falta dir-hi que com a obra personal no he pogut fer-la més sincera. Lo que m fa bé i lo que m fa mal és igualment

descrit; les impressions que hi han, totes les
he sentides; les idees que exposo, totes les he
cregut. Però s'ha d'anar en compte a confondre
l'ideal amb el sentiment. Parlo en el llibre
d'ideals d'amor que són massa grans pera cabre
sempre a la meva ànima. Aixecada un dia pel
dolor, va poder assolir montanyes que sempre
més ha trobat massa altes pera la seva impuresa.

L'ideal del meu llibre no més l'he viscut
unes quantes hores en els *Dies de Sol* del cap-
tiveri: després m'hi he acostat tot lo que he
pogut, sense atrapar-lo mai. I com no m'ha de
passar a mi lo que ha succeit fins an els ho-
mes més virtuosos? Per això lo més sant és el
que s creu més pecador: és que ha posat el seu
ideal de puresa més alt que ls altres, i al com-
parar ell mateix la propria vida, que an els de-
més els sembla santa, am l'ideal sublim de la
seva inteligencia, troba que no l'ha assolit i se
confessa indigne i pecador. El pare Job, que
tots anomenem com l'home de més resignació
i prudencia, encara trobava que no ho era prou
de sofert i demanava al seu Déu que l purifiqués.

Aquell que us digui que l viu, el seu ideal,
penseu que l té petit o que és un farçant. No,
no està la santitat ni la virtut en viure del tot
el nostre ideal, sinó en fer-lo ben pur i esfor-
çar-nos tant com podem pera viure-l.

LES PRESONS IMAGINARIES

I

L'ENTRADA A L'INFERN

PEL camí no ns vam dir ni una paraula. Aquells dos poliçonts disfreçats d'homes me feien molta repugnancia. Ells parlaven de feines de l'ofici amb una senzillesa que mai els hi hauria fet, indiferents al rastre de dol que deixaven darrera seu; i jo, sense fer-me carrec de lo que m passava, tranquil i resignat, seguia an els dos poliçonts com un automata, fixant-me en les mil petites coses que m rodejaven pera no endinsar-me en la conciencia de la meva malaventura.

Sense pena ni gloria m deixava portar cap a la presó, i, per més que ho he rumiat moltes vegades, mai he pogut refer lo que passava aleshores a dintre del meu cap. No més arribo a desvetllar el record fondo d'una impressió tèrbola d'angunia, però res d'idees, perquè 1 meu pobre cervell no pensava. I això que aquella tarda havia de partir en dos troços la meva vida!

Així passem inconscients moltes vegades de la joia al dolor, i així vaig entrar tapat d'ulls en aquest tragic pas de la vida ont he vist la mort tu per tu. Ara que boi soc al cap-d'avall d'aquesta dolorosa caminada, deixa-m reposar. M'assec a sobre una pedra i ensorro la vista en la plana dels meus records, i veig que ls ultims mesos hi han cavat un solc que mai més s'omplirà. Ja no sóc lo que era, ni sento, ni visc, ni penso com abans. Idees, afectes, desitjos, illusions, tot ha cambiat sota la petjada de la tristor d'ençà d'aquella tarda d'istiu.

Era cap al tard. La claror esmortuida del crepuscol am prou feines deixava veure difuminades les ombres negroses que passaven amunt i avall per la carretera fangosa del Cementiri, i el trontoll dels carros, la barbre cridoria dels carreters i el terratremol de les màquines que trastejaven a dins de l'estació del camí de ferro, destacant-se sobre la somorta i llunyadana remor de la ciutat, me donava un mareig que m feia perdre l món de vista.

No recordo res més de l'anada a la presó. A mitja carretera un dels poliçonts va dir-me «Cap aquí», i, trencant a la dreta, vam passar per davant d'un centinella. Ja hi erem. El comandant, que tenia un gran cor, va pegar-me una mirada concirosa, i els dos poliçonts van entornar-sen amb un paperot a la mà. Després un home remenant un

manyoc de claus va obrir un reixat, i el comandant
i jo varem seguir-lo sense sermonar ni una paraula.

Quin salt me va fer el cor quan me vaig veure
tancat allí dintre! De primer no podia precisar res:
no més sé que m vaig sentir com si m peguessin
un cop de puny al mig de la cara: una barreja de
draps i carns que caminava triomfalment, aixecant
un esvalot aixordador, pel mig d'una boira espessa
de fum i de l'halenada xardorosa de cent homes.
De segur que l Dant no va quedar tant sorprès a
l'entrar a l'Infern.

Un llum d'oli penjat al mig de l'espaiós corraló
vetllava sobre l quadro patibulari. La paret de l'es-
querra, esbutifarrant-se, deixava esmunyir-se un
tropell d'homes escabellats i mig nusos que païen
el ranxo tot marxant cap al fons, on se perdien
pera tornar a sortir desseguida sobtadament. Arre-
mangats de braços i cames, encesos de cara per la
xardor de la boira, cantaven esbojarradament una
cançó catalana fresca i dolça:

L'airet de matinada
del ric istiu
replega la rosada
que llença l riu,
buscant clavells i roses
i pensaments,
paraules amoroses
que llença l vent.

A davant nostre la colla s va aturar. El coman-
dant anava pera fer-me de bo amb els de la celda

dels senyors perquè m fessin lloc; però encara no
havia badat boca que ja tenia als braços un amic
meu. Dels altres també n'hi havia que m coneixien:
prou me recordo d'una estreta de mà que m va fer
cruixir els òssos. Desseguida vam quedar entesos:
dormiria amb el meu amic. I el comandant, que
semblava com si li barrinés a dintre del cap quel-
com fòra de raó, va entornar-sen amb el cap baix.

Aquella entrada va deixar-me boi estabornit:
per això l record que n tinc és una mica tèrbol. No
és pas que no rigués i que no parlés ben natural:
hi ha coses que l cervell no les pot pair tot desseguí-
da. Quan un hom se troba en un cas així, per fòra
sembla que està molt tranquil, però té la ferida a
dintre; la part fonda del pensament resta estabor-
nida i no més pensa lleugerament. Això vaig
rumiar-ho una vegada a davant d'un cadafalc veient
la gran gentada que jugava i reia enfront d'un home
a qui havien donat garrot.

La vetlla m va passar volant. Dret al mig d'un
rotllo de presos, els vaig contar com m'havien aga-
fat, lo que s deia per fòra i lo que m semblava del
procés. Ells m'escoltaven i traduïen. No hi ha res
més egoista que un pres. Tot lo que passa a dins i
tot lo que se sap de fòra cadascú ho tradueix a la
parla de l'interès propri. Hi guanyaré? Hi perdré?
Això és lo que rumia. Però al cap de l'ultim l'imi-
tació l venç i a cada calaboç tots se fan el mateix
carrec d'una cosa.

Després, mentres sopava, l'esvalot va recomençar més esbojarrat encara. Qui se n'anava a dormir amb aquells pensaments tant negres a dins del cap! A esvair-los, companys! Cantem i fòra! Al cap d'una estona, un home que sempre anava sol sem va asseure al costat a damunt d'una marfegota. Era l'espia. Se pensava tocar-me 1 botet dient-me que era republicà i em posava ls dits a la boca perquè cantés. El meu amic me va fer l'ullet perquè no m'hi descancés en aquell murri. Pobre home! Quina llàstima m va fer!

A les nou, la cavalleria, al peu de la presó, va tocar a retiro. Aquelles notes metaliques punxantes de tristor i anyorament me partien el cor i despertaven en el meu cervell la conciencia de lo que havia perdut. Pensem-hi, ànima meva!... Pensem-hi... pensem-hi...

—Ei! M'heu espantat. Sí: ara m'aixeco.—

Els companys de calaboç estiraven a terra les marfegotes i jo ls feia nosa. Aleshores uns soldats ens en van dur una pera mi i una altra pera un de fòra pres el mateix dia. Era un home magre que no deia mai res. Tot sovint li donaven papers de fòra, se n'anava a llegir-los a un recó i d'amagat dels altres s'aixugava ls ulls.

Erem sèt i teniem una marfegota, una manta i un morralet de palla per cada hu, i per entre tots tres matelaços. Pensant quedar-me en el recó que ningú volgués, vaig sortir a donar un volt pels calaboços. Al peu del reixat, de la banda de fòra, el centinella vetllava. A dins ja no cantava ningú i solament se sentia 1 ronqueig de tres o quatre presos, el xiu-xiu de la conversa dels que anaven avançats de sòn i la gresca que feien dos borratxos, un cego i un castellà, que volia *poner los puntos sobre las ies* i deia molt sovint: *Salud y R. S.* (1). D'en tant en tant els que no podien arrencar el sòn cridaven am rabia: «Calleu, me c...!» «Xxxit!» Calla tu, animal!» «Deixeu dormir!» El que l'havien despertat amb aquests crits maltractava als demés, i de l'un llit a l'altre s mossegaven secament am paraules de fel. Am prou feines a les dèu, després d'haver-se tocat a quietud, els vigilants de nit dels calaboços (tot-hom els deia *imaginaries)* varen poder fer ajeure als dos borratxos.

A l'espaiós corraló hi donaven els quatre calaboços i una quadra on s'hi feia tot lo demés. Aquesta era la primera que s trobava a mà dreta, amb els seus renta-mans ficats sobre rotllanes de fusta clavades a la paret, l'aixeta d'aigua viva, i més endins *lo altre,* petit com un cop de puny, pera rebre la femta d'aquella corralada d'homes perseguits per la Justicia. Al costat mateix hi havia el calaboç ont estaven apilotats els meus companys, que ja dormien, desabrigats tots, llevat del de fòra, que no n tenia prou d'una manta pera tapar-se. Un home que tremolava de fred al pic de l'istiu!

(1) És a dir, *Salud y Revolución Social.*

Dels altres calaboços n'hi havia dos a mà esquerra i un al cap-d'avall del corraló. Veient-ne un és com si s veiessin tots, sinó que l'ultim era més gran. Mig centenar d'homes jeien a sobre les marfegotes i els morralets de palla per coixins, dintre la quadra gran. El sostre era alt i desguarnit, i les parets havien pres el color de miseria que dóna l baf de molta gent dormint a dins d'una cambra petita. Un fanal penjat a la paret acabava d'esmortuir amb els seus vidres entelats la migrada claror que hi donava a dintre un llumet d'oli i ble de cotó.

Una boira xardorosa i somorta escampava per l'aire la poca llum del fanal com una polsaguera encisada a l'aixecar-se, i donava a tota la quadra un aspecte tetric. Per terra, tot arran de les quatre parets, hi havia un rengle de marfegotes, brutes d'arrossegar-se per tot arreu, i, al mig del calaboç, més marfegotes encara. Un borratxo jeia al costat d'un bassal de vi cobert de serradures.

Hi havia de tot. Els uns dormien acotxats i arropits sota la manta, cercant sempre una escalfor més viva pera ls seus cossos malalts; d'altres ne vaig veure que aixecaven am gestos sonambulics els braços i les cames angunioses pera llençar la roba; allí, de ventre a terra, presentava el llom soperb i exhuberant un pobre boig nu de pel a pel, amarat de suor; i al pas de la porta un home vell, tot despullat també, reganyava la garra desvergonyida, empatriarcat damunt la marfegota, ostentant la virilitat ferida d'impotencia.

Els gestos forçats, els ronqueigs desacompas-
sats i gargallosos que feien pensar en una gran
rellotgeria humana, la suor anguniosa que amarava
la carn, les veus fondes que d'en tant en tant
arrencaven els somnis tormentosos, tot me deia
que aquella era la casa del dolor. De la carn extesa
damunt les marfegotes dels calaboços s'aixecava
un baf de pietat infinida.

I em vaig recullir a la quadra petita pera no
pensar més en aqueixa humanitat barbre que avança
tant dolorosament.

El comandant va venir a dir-me que l meu ger-
mà i dos amics s'esperaven a fòra i volien que ls
digués lo que m faltava. Els de casa! Tota la tarda
que devien correr adalerats, buscant-me. Jo que
no hi havia pensat més! Ells sí que patien! Pobra
mare! Rumiant aquestes coses me va venir una
fonda tristor a l'ànima i un gran relaxament en
el còs.

Tot sol al mig de la quadra on tot-hom dor-
mia, me vaig quedar hipnotisat mirant el llum
d'oli sense veure res. Pensava en els meus pares
que ploraven per mi, en el meu germà i els
bons amics que s'entornaven greujosament carre-
tera avall portant en el cor el dol de la darrera
illusió morta, i tot de sobte una foguerada va
pujar-me del pit i els ulls sem van negar. Més
tard m'ha passat més d'un cop de no plorar fins
que he pensat en els que ploraven per mi.

Ajegut entremig de dos companys, abrigat amb un troç de llençol i recolzada la testa sobre l morralet de palla, no podia dormir. A quatre passes més avall roncaven acompassadament un vell i un jove que s'avenien força; en el corraló se sentia l xiu-xiu dels *imaginaries* que feien petar la claca; a fòra ls centinelles s'esgargamellaven cada quart cridant «Alerta!», i totes aqueixes i altres notes isolades, acoblant-se am l'harmonia misteriosa dels sorolls de la nit, me feien una barbre impressió. Els meus ulls saltaven del fanal a la reixa i de la reixa a les parets i al sostre desguarnit, pera tornar a fixar-se hipnoticament en el llum d'oli. I no podia adormir-me perquè un tropell d'idees boges me retrunyien a dins del cap.

L'imaginació omplia l'espai de visions apocaliptiques. Les impressions que ferien els meus sentits s'engrandien a dins del cervell i es desfiguraven paorosament, formant-hi d'en mica en mica una realitat ben diferenta de la de fòra. Vet-aquí una cosa que fa pensar. Dugues realitats: la del meu cervell i la de les coses. Quina és la veritable? No és tant pla com això l'esbrinar-ho, perquè penso que la realitat dolorosa per mi, la que m'havia humitejat els ulls i trencat el cor, no era la de les còses mortes, sinó la que veia per dins, caminant a les palpentes per aquells calaboços del meu cervell poblats de visions apocaliptiques. L'home lliure que entra a la presó no hi veu res de lo que hi veuen els presos, perquè la seva imaginació no està afectada per l'idea aclaparadora de la llibertat perduda. Les presons paoroses, les que fan patir, són les presons imaginaries, i per això no s'hi troba mai res bo, ni l pa, ni l llit, ni l'aigua, per bons que siguin.

ESCENES DE PRESÓ

A copia de revolcar-me pel jaç vaig poder condormir-me, sense perdre mai del tot l'idea del lloc on me trobava, i per això a les quatre del matí, quan afòra van tocar aubada, no m'hi vaig trobar gens estrany.

Després de vestir-me llestament, vaig sortir al corraló pera veure com se deixondia la multitud. La joia de viure esclatava am rialles, corredices i cançons. Uns quants dropos que ronsejaven embolicats am la manta, volent-hi decanar mitja horeta més, renegaven de l'esvalot i de la poca *consideració* dels seus companys. Amb els que jeien semblava que tot-hom hi tenia dret: quan no n'hi havia prou d'avisar-los que ja era hora de llevar-se, sels enduien la manta i fins els tiraven els morralets de palla per sobre.

En el corraló hi havia gran bellugadiça de gent mig despullada entrant i sortint del rentador. L'aixeta de l'aigua no s tancava mai i els homes se prenien de les mans les palanganes, que, omplertes d'aigua fresca i clara, s'encaixaven en les rotllanes de la paret i boi se les buidaven per la cara, pels braços, pel coll i per l'esquena. Alló era un desfici, l'aigua degotava per tot arreu, i a terra s feia un bassal que un home magre arrambava amb una escombra cap al clavagueró. Si amb un renta-mans no n'hi havia prou, se n'omplia un altre, i dali! cop d'aigua tirada delitosament pera refrescar-se i treure-s la pegadella de la suor.

A dins dels calaboços els més ganduls acabaven de caragolar les marfegotes, plegant-hi al mig la manta i el morralet de palla; els més polits se pentinaven amb el mirallet a la mà, tots s'acabaven de mig vestir, i als que ls tocava la tanda donaven un cop d'escombra pel calaboç. Tot-hom treballava depressa, com si s'hagués d'enllestir pera anar a donar un volt, am l'afany delitós de fer qualsevol cosa; i per les cançons que s refilaven, per les cares tranquiles i rialleres i pel enjogaçament dels plagues de cada colla, se comprenia que la matinada ls havia suggestionat una alegria que cadascú covava tendrament a dins del seu cor, defenent-la de les primeres idees fosques que devallaven més tard fins a lo més fondo de l'ànima.

Anant de l'un cap a l'altre escurniflant-ho tot, vaig adonar-me de que una joia barbre m'arruixava l cor. Però, més que alegria, era fam d'estar alegre, allò.

Cap a les sis del matí va arribar una gran cordada de presos que venia del Castell. An els pobres els semblava que havien tornat de mort a vida. Tots èls calaboços, fòra l més gran, tenien les portes ajustades, i per l'escletxa miravem an els que entraven d'un a un. Quan passava una cara coneguda cada hu hi deia la seva. Ells ens miraven de cua d'ull i caminaven tot exprement-se les munyeques pera esborrar el séc de les manilles de ferro. Duien un farcellet a la mà, i per les fatxes, pels vestits, pel seu tarannà, se veia que en aquella cordada hi havia gent de tota mena: homes *de la vida,* treballadors i fins algun burgeset agafat per la malavolença d'un contrari.

Varem comptar-ne trentacinc, i, un cop tots a dintre i despedits els guardes que ls conduien, les portes de cada calaboç van obrir-se, i nous am vells vam fer la gran barreja. De primer ens ensenyaven les munyeques, els sécs morats de les manilles, perquè sembla que ls *ganguils* lligaven fort, i els presos comprenien que explicant-ho s guanyaven la nostra simpatia per les seves penes, i ells ne tenien fam d'això. Feia trencar el cor veure lo commosos que ns contaven la feta d'uns obrers desconeguts que, veient-los passar lligats en tropell, els havien saludat am la gorra, plens de tristesa.

Però no era això lo que voliem saber. «Què hi

hà del procés? Què fan allí dalt?» Aquí, aquí era
l'interès. Se formaven tot de rotllos petits pels
recons de les quadres, i, encara no s'acostava
l'espia, els que vigilaven feien senyal de *muts a la
gabia,* i el rotllo s'esvaïa dissimuladament. Lo que
sentia a dir per allà am veu baixa, gonflada de terror
i de misteri, me feia posar pell de gallina. Histo-
ries d'altre temps, que tot-hom hauria cregut mor-
tes pera sempre i que, malgrat això, reviscolaven:
dos homes que treien el nas per la gatonera d'una
porta, dos fesomies de morts en vida, l'un amb el
cap lligat, l'altre amb el braç en xarpa, ensenyant un
troç de bacallà sèc i un bri de palla de l'escombra.

I, baixant més la veu, assegurant-se amb una
llambregada de que no venia ningú, un home va
contar-me a cau d'orella l'historia d'un centinella
que una nit va sentir crits de sota terra. Mentres
m'ho deia vaig sentir esgarrifances de fred, i ales-
hores ell va acabar la rondalla: «Diuen si n'hi ha
tres de morts». Jo volia cridar-li: «Això no pot ser,
això és mentida»; però, sense esma pera dir-li res,
vaig apartar-me d'aquell home que portava l cervell
ple d'imatges que feien por. Arraulits pels recons,
els presos traduïen.

No sé qui va tenir l'idea que va escampar-se
aconsoladora per tota la presó, produint una
d'aquestes epidemies d'alegria esbojarrada que no
més se veuen am tanta fuga en les presons, en els
hospitals, ont hi ha gent enfonsada en l'etern dolor.
És una alegria que se us encomana furienta, una

ventada que us aixeca pera fer-vos caure de més
alt: és tant estranya, que ben bé podeu comptar-la
com una de les penes que no s'obliden. Corria la
veu de que an els que estavem a baix no ns farien
res. «Nosaltres arrai: els de dalt són els que rebran,
aquells, aquells...»

Un xaval que no sé d'on sortia carregat de dia-
ris, va fer forrolla. La nit passada havien agafat una
pila de gent d'upa, republicans de tota la vida, i els
presos, sentint que com més s'estirés la corda més
aviat podria petar-se, se fregaven les mans delitosa-
ment. «Ara, ara va bé», deien tot llegint. I l'alegria
desbotava amb empaitades per sobre ls fatos arri-
mats a la paret, voleiaven els morralets de palla i
les *polloses,* un pres cantava a tota veu brandant la
llarga escombra am gesto desgarbat, i els presos
que encara traduïen arraulits pels recons, s'anaven
alçant sobtadament, guanyats pel vertic d'aquella
joia encomanadiça.

A corre-cuita ns varem empolainar pera sortir al
pati. Era un solar espaiós voltat d'una paret no
gaire alta, solat de terra, obert a l'aire i assoleiat
amb una disbauixa de llum que ns enlluernava.
Llevat de l'*Ultima-hora,* del boig i de tres o quatre
homes *de la vida,* nom generós que allí donaven
an els *mossegues,* tots els presos s'escrivien amb els
amics o am la familia, i aquella era l'hora més
quieta pera fer les cartes o pera fer-les fer els que
no sabien de lletra.

Cap a l'un costat hi havia gran munió de presos que torraven les marfegotes al sol; pels recons o asseguts a terra n'hi havia d'altres que escrivien o llegien el diari en veu alta, interromputs d'en tant en tant per les dites dels que escoltaven; i molts se passejaven amunt i avall pera estirar les cames, amb aire tots de bons minyons que volien fer-se dignes d'aquella hora d'esbarjo.

—M'hi voleu deixar esser?

—Prou, home.—

Els altres varen estrenye-s fins a fer-me lloc en el rotllo i van allargar-me una *pollosa* plegada pera seure am comoditat. Erem dèu o dotze, sense comptar els *nassos* que escoltaven. D'en tant en tant feien passar-se de l'una mà a l'altra un *gat* de dos porrons, xerricant am seny d'un vinet bastant passador que ls donaven amb el ranxo. Com a gent que no s'havien vist mai *estarats,* parlaven de coses de la presó, de les costums de la *gardunya,* dels oficis que hi fan els homes *de la vida,* de la fidelitat que s tenen els uns an els altres i del respecte am que tracten an els presos que *tenen les idees.*

Els que primerament havien sigut agafats portaven algun quarto, i els *gardunyaires* els venien pantalons, rellotges, gorres, faixes i coses per l'istil. Quan no pensaves en res senties una veu que cantava:

—Oh calaboço ciiinc!

—Què hi ha?

—Vols comprar uns pantalons per una *endola?*

—No puc, que no l'*habillo*.

—Vés, fes-ho corre, doncs. Baixa la *noria,* que tels donaré.—

I el del calaboç cinc feia baixar an el pati un cordill, el nyèbit hi lligava ls pantalons, que quasi bé sempre s venien, i el que tirava al pati la peceta solia guanyar-se com a correduria paper i *trucan* pera fer un cigarro.

Mentres parlaven d'aquestes coses va acostar-se an el rotllo un xicot gras com un tuixó, molçut de galtes i vista entrebismada, com si diguessim *vestit* de quatre parracs a tall de camisola i pantalons que no s recordaven del seu color originari, i ensenyant per tot arreu la pell tibanta d'un engreixat de nou. No estava pas per la conversa i es mirava la botella de fit a fit. Aleshores van fer-li la pregunta de sempre:

—Escolta, tu: qui va tirar la bomba?

—En Jan Mengà,—feia ell sense pensar-s'hi.

—I quantes en duia?

—Quatre a cada mà que pesaven quatre arrobes cada una, i ara jo beuria un trago.

—Té, home, beu.

—Andia, noi, com xerrica!

—Haaa!... Ara fumaria.—

Li donaven tabac i se n'entornava tot sol am toçuderia de boig a enfonzar-se en l'anorreament de la seva ànima.

El comandant li deixava fer lo que volia, an el pobre boig. Quin escarceller més bo! Com que ja

és mort, no puc fer-li cap mal dient·que l'estima-
vem com a un pare. Era l caixer fidel de tots els
presos; donava les ordres més series com si don-
gués consells; aconsolava an els més tristos am
l'esperança de que allò aviat s'acabaria; i en tots
els seus posats, paraules i accions se li veia que ns
tenia per homes de bé perseguits per la Justicia.

Tu que vas donar-me la mà tant commòs al
despedir-me, que vas desitjar-me bona sort aguàn-
tant-te les llagrimes que se t'escapaven dels ulls,
aquí l tens, aquest record estampat de la meva àni-
ma, que no t'oblidarà mai més.

A l'hora d'entornar-nos-en al corral vam retirar-
nos am recança d'aquell solar espaiós, i a l'entrada
dels calaboços un home ens va donar mig pa de
barra a cada pres. Això m va fer molta estranyesa
que m donguessin el pa, pa de presó, que mai
és bo per bo que sigui.

El boig anava esvalotat al darrera d'uns homes
que duien un gros perol de ranxo, tot saltant i
cridant: «Ara va bé! Ja plouen caçoles, ja plouen
caçoles!» I ensenyava unes dents blanques i gros-
ses pera donar a entendre que tenia molta gana.
Tots els presos s'anaven acostant am la caçola a
la mà i feien cua l'un darrera l'altre, tot discutint
l'olor que venia del perol, ple d'escudella als ma-
tins i d'un ranxo a la catalana per la tarda, que, a
més a més d'una racció de mongetes am qualsevol
cosa de tocino, era fins ont arribava la pobresa

donada per l'Administració an el comandant de la casa. Amb una llossada n'hi havia poc, i els més farts hi tornaven, i més que tots el boig, que n'empaitava dugues caçolades.

Al cap d'una estona l'escampall de gent asseguda ça i enllà per terra portant de la caçola a la boca, am la cullera de fusta, aquelles barreges de viandes que mai són bones com l'arengada que s menja en llibertat, no s podia veure sense pensar que cada home representava una familia trastornada pel desconsol d'una separació repugnant. I ara, quan hi penso, totes les histories de les llars solitaries me vénen a la memoria tal com les he apreses després, tragedies de la vida íntima que fan esborronar, drames interiors que tenen per marc un món que no s'adona d'aquestes petiteses.

Les reunions diaries de la familia seguda a taula a l'hora del menjar, aquelles hores tranquiles de cap al vespre, quan els nens s'adormen en'vent sopat, i l'home que treballa sent devallar en el seu cos l'ensopiment de l'honrada fadiga, com les anyora l pres; però, també, com les ploren els de fòra!

Ara a cada apat hi falta *ell,* el més estimat perquè és el que pateix més, el que fa més falta moltes vegades perquè guanyava l pa pera tots. I la dòna que no més se cuidava de les feines de la casa, ara, escarraçada, s'arrossega pels safretjos i les fàbriques pera pujar els petits i pera portar-li el dissabte alguna cosa an *ell,* pobret, perquè fumi. Si escriu que està molt bé, se creuen que vol aconsolar an els de fòra; si se li escapa alguna queixa, la pena del pobre pres parteix el cor i fa sentir la desesperança dels dolors irremediables; i sempre, sempre, digui lo que digui i parli lo que parli, les seves cartes porten llagrimes a l'hora que els demés se troben reunits en el menjador de casa. Però si alguna vegada l pres escriu que l ranxo és molt dolent i que no sel pot empassar, les tristeses esclaten en un plor i la conciencia demana a crits el sacrifici.

Ama al proisme com a tu mateix. Mentida! Més que a tu mateix has d'estimar-lo, si no vols que l remordiment te corsequi. Sacrifica-t, sacrifica-t. No mengis tu i dóna-li an *ell* el teu menjar, no t diverteixis, perquè l teu goig és un afront que fas a la seva pena. Sacrifica-t. No hi fa res que la cara abans arrodonida s'esllangueixi, que l cos perdi la gracia de les seves curbes, que ls ulls s'enfonzin a copia d'espunyir-ne llagrimes i més llagrimes. Sacrifica-t. Si el teu fill que tu vesties i aguantaves te fa nosa pera treballar, deixa-l a una dóna estranya que tel tingui, perquè tu has de guanyar el pa pera tots; si el teu pare, o el teu marit, o el teu conegut volen parlar-te mal del pres, renyeix-hi, no tels escoltis, perquè l dolor l'ha redimit de tota culpa. Sacrifica-t. Perquè mengi, perquè begui, perquè fumi, has d'estar-te de tot, i tot t'ho has de vendre: la petita tenda am tanta pena aparroquianada, els estalvis que tant costaren de recullir, les

relliquies de familia, els matelaços de llana, l'anell
de promesa, les robes de casament, els mobles, la
palla de les marfegues; dóna-ho, dóna-ho tot per
aquell pobre que s refia de tu. Mira que encara no
has fet prou. Sacrifica-t, sacrifica-t, i, sinó, perquè
estimaves!

Romantic, eh? Doncs tot això s'ha fet i més
encara. Romantic, eh? Doncs vés que no t'hi tro-
bis ni tu ni els teus, perquè aleshores ja ho veuries.

Al matí, després del ranxo, la gent va ensopir-se
i molts van extendre les marfegotes per fer-hi la
mig-diada. Els de casa van portar-me un matelaç,
roba blanca i un llibre, i sem va girar molta feina
pera arreglar-m'ho tot en un paquet a sobre l fato
de la marfega i el morral de palla. Per això tot anava
endavant: m'havia reunit amb una colla de sis o sèt
que menjaven plegats en una taula deixada pel
comandant, que va prometre posar-nos a part al
cap de dos o tres dies en una celda nèta, assoleiada
i espaiosa, i pel demés haviem fet tractes amb el
fondista que feia l menjar pera ls altres, i tot anava
com una seda.

Per la part que m toca, jo m prenia aquests tre-
balls i miseries com una diversió, perquè pensava
que no podia passar-me res de mal. L'idea de Jus-
ticia la tenim tant ficada fins al moll dels óssos, que
toquem l'arbitrarietat i encara no podem creure-hi.
Aixís és que no m costava gaire aconsolar als
demés, planyia a tot-hom sense recordar-me de mi,

donava coratge an els més abatuts i mostrava en
totes les coses una serenitat i una calma exagerades
am la vanitat pueril de voler estargir una ànima de
ferro. Si m'haguessin tancat tot sol hauria pensat
més en mi i en els de casa: aleshores, estrany a
les dites dels demés, que tant m'amoïnaven, ben
segur que la meva ànima no hauria sigut tant
valenta com jo volia. Ara que les penes m'han fet
perdre aquella vanitat i la vida retirada m'ha tornat
l'imperi del meu jo, no puc menos de riure-m
d'aquella fantasia.

Fins he de confessar que m sentia un xic orgu-
llós de lo que m passava, perquè això d'haver estat
pres me semblava un bon capitol d'historia. Estu-
diava la gent tancada am mi, m'enterava de les cos-
tums dels presos, i sobre tot volia coneixer les seves
passions i les miseries que passaven, i tot ho anava
emmagatzemant am l'idea d'escriure-ho quan esta-
ria més en repòs. Com que permor de l'esvalot no
havia pogut llegir res del llibre que m'havien dut a
casa, vaig pensar deixar-ho per quant estiguessim a
la sala tranquila i nèta que ns havia promès el nos-
tre guardià. «Sí: allà llegirem,—deia an els altres;
—jo us ensenyaré l francès, escriuré les impres-
sions d'aquests dies, acabaré de llegir les obres
començades, i tenint tot el dia per mi podré fer
aquests llibres que ja fa tant temps me ballen
pel cap i m'atormenten. Després de tot, això serà
una ganga: vintiquatre hores de renda treballant
pel meu compte».

Amb aquests pensaments al cap i decidit a fer-me aviat a la vida nova, després de les cantades paroxistes de cada vespre, mort de sòn de no haver dormit la nit abans, me vaig ajeure en el llit parat a terra i vaig dormir del primer tret fins al toc d'alba.

De bon matí ja donaven l'aigua permor de Déu i a la presó no més s'hi veien cares fosques de pensar que l'hora d'esbarjo d'aquell dia, am la pluja, passaria per l'angel. No més la nostra colla estava animada perquè n'hi havia un que a les dèu del matí tenia permís de veure a la familia i ens deia que quan seriem isolats els sis o sèt de més confiança estariem com el peix a l'aigua i veuriem als de casa sempre que voldriem. I, després, no havent-hi espies per allí, el nostre comandant feia ls ulls grossos. El cas és que tots teniem ganes d'aposentar-nos reposadament en la nova quadra i ho esperavem com una cosa que ns havia de portar molta alegria.

Cap a les nou del matí va entrar en la nostra celda un barber del veinat pera afeitar al company de captiveri que havia de veure a la seva dòna, i jo també vaig fer-me fer la barba, no perquè m fes cap falta, sinó perquè un bon esperit, com diria la marè, devia tocar-me l cor. Després vaig passar molts dies sense pinta ni mirall ni un mal barber de sorges, creixent-me l pèl a l'esbarriada, fins que vaig fer prou la cara de facinerós pera retratar-me: aixi l

desordre de la fesomia despertava una repulsió que
enfosquia la bondat de la meva ànima. D'aleshores
ençà l meu retrato, amb un numero a sobre, ha
restat com a penyora d'infamia en les mans dels
que m volen mal. Pobrets! Com voldria poder-
los tornar amb amor tanta rancunia!

Sobtadament va venir l'ordre de tancar les por-
tes de tots els calaboços i el comandant va entrar a
avisar-me que se m'enduien al Castell. A la cara
d'aquell home de bé s'hi veia tot lo que volia dir
allò de pujar-me allà dalt, i estava tant afectat que
quasi bé plorava. Els companys de celda van abra-
çar-me com a un germà que no havien de tornar a
veure mai més, i jo vaig desfer-me de tots els papers
que tenia a sobre, encarregant an el meu amic que ls
dongués an el pare amb el matelaç, el llibre i la
roba blanca. Després ens van cridar a mi i a l'home
de fòra agafat el mateix dia que jo, i perquè n'hi
havia que ploraven abans d'anar-men vaig animar-
los dient que tot plegat allò no seria res. Una altra
abraçada, i cap a fòra.

Dos guarda-civils ens esperaven amb unes
manilles de ferro a punt. El comandant demanava
que no ns lliguessin perquè a la cara ho duiem
escrit que no erem gent de fugir; però ls altres van
treure allò de que eren gent manada i no hi va
haver remei. La mà dreta de l'altre am la meva
esquerra van esser agarrotades juntament i ferma-
des am pany i clau. L'haver d'anar pel carrer
lligat com un lladre m feia una llei de cosa que

no m puc explicar: no era ni rabia ni vergonya, sinó com una mena d'orgull que m cridava desde l fons de l'ànima: «Redressa-t bé, que ho vegi tothom que no t'hi fa nosa res a la conciencia».

Quan ja estava lligat, el comandant va allargar-me la mà sense amagar-sen i, estrenyent-me-la tremolosament, va dir-me am veu commosa: «Bona sort, jove». El cor me va fer un salt a dintre del pit i els ulls sem van negar, perquè no hi ha res que trastorni tant com la mà desconeguda que estreny llealment la vostra quan vos han pres per un dolent.

III

CAP AL CALVARI

A la porta vam trobar un amic meu de quan erem petits, i al veure-m sortir lligat se va quedar de pedra. Dos dies abans havia mort el pare d'un company d'estudis i l'atzar va fer que l trobessim pel camí del Cementiri: de dins estant del seu cotxe va saludar-me de tot cor i el vaig veure desapareixer movent el cap com si digués: «Quina vergonya pels que l porten!»

Abans d'arribar al Palau de l'Autoritat militar encara vam trobar un altre amic que va saludar-me. La gent que s fixava en nosaltres ens mirava compassivament, i en tot el camí no vam passar l'afront d'una mala paraula ni d'una mirada de rancunia.

A dalt, el Jutge va fer-me moltes preguntes que tinc el consol d'haver contestat sense dir una sola mentida; i, lligats altre cop, vam tirar de dret cap

al Castell. Plovisquejava. Però jo no m sentia de
la pluja, perquè no podia treure-m del cap aquell
policia que grapejava a la dòna d'un pres, una
joveneta gentil que volia veure al Jutge pera tren-
car-li l cor am les seves llagrimes, i s'esperava
asseguda al costat del poliçont, que se li arramba-
va tant com podia, prometent-li la seva protecció.
Ella, pobreta, amarada d'angunia, devia pensar
que aquell homenot era dels grossos i no gosava
treure-sel de sobre amb una plantofada. «Si *ell*
ho sabia,—pensava jo;—si *ell* ho sabia!»

El cel va enfosquir-se al mig del dia i ben aviat
tot l'horitzó va esser cobert d'un nuvol negre ata-
pait, sense un esqueix en lloc pera deixar l'espe-
rança del bon temps; i encara no haviem començat a
pujar la montanya quan va reventar el grop. L'ai-
gua queia furienta d'arruixada, rebotent per terra,
atropellant-se en reguerots, extenent per l'espai
una boira espessa que mig-esborrava les imatges
de les coses, desplomant-se sobre la terra com el
castic d'un Déu rancuniós i venjatiu. Uns homes
sortits de no sé on van acostar-sens corrents i ens
van donar dos paraigües.

La gent aixoplugada en les botigues i escaletes
sortien a les portes pera veure-ns passar, sense atu-
rar-nos mai, amarats d'aigua; i com que atravessa-
vem un barri de pobres que hi ha al bell peu de la
montanya, acostumats a compadir les miseries a
copia de sofrir-les, els uns se treien la gorra am
respecte, moltes dònes ajuntaven les mans com si

demanessin pietat, i fins n'hi havia que allargaven els punys am gestos de rabia.

Si un dels dos volia saltar pera no ficar-se de peus a l'aigua, pegava estrebada a les manilles, i les munyeques cruixien dolorosament, fins que, torçant el braç, vam poder encaixar per sota ls ferros amb una encaixada de germanor que va fondre pera sempre en un el record de les nostres penes. No hi valien paraigües ni res, i per sota la tela l'aigua ns fuetejava la cara.

Els guardes, que no s mullaven gens de tant encaputxats que anaven, com que no ls feia goig la munió d'obrers que per aquells encontorns se troben al mig-dia, no parlaven d'aturar-se en lloc i apretaven el pas. Però a l'ultim ens van fer ficar a dintre d'una escala deserta, i aquells pobres, negres del carbó que remenen tot el dia, devien trobar encara que erem de planyer, perquè ns miraven greujosament quan sortien de les tavernes del veinat. Així que l xafec va apaibagar una mica vam començar a pujar el Calvari, i el cel va tornar a obrir-se i a llençar l'aigua am més furia que mai.

La pluja semblava venir contra nosaltres pera maltractar-nos am la rancunia de les coses. Vosaltres, els que heu passat les vostres penes marxant pels camins tous de fanc o de neu, sota la pluja perfidiosa, bé prou que ho sabreu lo que vui dir. No és res parlar de llagrimes: te trasbalça una sensació aplanadora que estreny el cor, que glaça a sota la pell la suor de l'angunia. I és que, perse-

guit com una bestia folla, pujant cap al Calvari
sense ningú que t'aconsoli, lluny dels teus que no
poden ajudar-te a portar la creu del teu dolor,
quan la roba t regala d'aigua i la mullena t penetra
la carn i els peus s'enfonzen a cada pas en el llot
dels camins, sembla que s relaxin tots els muscles
del còs, que s'enfonzi i esmicoli la fortalesa de
l'ànima, i el record de tot lo que has perdut te cau
a sobre i et dóna una trista sensació de cosa aban-
donada.

Penses en els gats arnats de ronya que ls nois
apedreguen en el recó d'una porta tancada. Mal-
aventurat d'aquell que aleshores fa un mal pensa-
ment de rabia o de venjança, que ja mai més ne
tornarà a tenir l'ànima nèta fins que estarà sadoll
de maldat, dolent per sempre.

A dins del cervell ja no hi quedava res que
no m pertoqués a mi o al meu company, perquè
sempre he vist que les penes restrenyen els senti-
ments en un egoisme esquerp, i anava rumiant les
preguntes esgarrifoses del Jutge sense pensar-me
mai que podien tornar-se acusacions. M'havia pro-
cessat dient-me que n tenia per dies d'estar pres;
però, am tot i això, pensant que no havia fet res
de mal, vaig tranquilisar-me del tot i no més vaig
estar pera animar ane l'altre, que m feia molta
llàstima.

L'havien agafat per la festa major de Gracia i
anava de les festes, am bòtes de xarol. Sembla
mentida que quan tenim la llibertat en perill i una

pena tant grossa damunt del cor, poguem pensar
en coses tant petites. Aquell home no més estava
per les botines, que se li badaven amb el fang, tant
noves i boniques que eren; i, perquè no s'ensorrés
massa en el llot, jo l deixava passar davant, cami-
nant de costat am molta pena, aprofitant el rengle
de pedres que hi ha tot a la vora del camí, allar-
gant el braç emmanillat, a punt sempre de caure
a dintre l regueró que corre per la llinda de la car-
retera. «Malesaguanyades botines, — me deia; —
fa quatre dies que les vaig estrenar.» I, tret d'això,
vam marxar sempre sense dir-nos una paraula.

La pujada era fadigosa i la pluja no parava
mai. Els guardes, pera escursar la caminada, van
fer-nos passar per la drecera, sense fixar-se en el
martiri que ns donaven: l'aigua havia esmolat les
pedres, que relliscaven com un glaç, i anavem a
poc a poc, mig caient, aguantant-nos l'un a l'altre,
flaquejantes les cames pel desmai de la voluntat.
La vista se m'enterbolia com pel mareig d'una
borratxera, i el poc esperit que m quedava sentia
un gran goig d'empleiar-lo pera animar an el meu
company amb excitacions coratjoses que ell contes-
tava estrenyent-me la mà. Una caseta blanca que
hi ha a mig camí va servir-nos pera esperar que l
xafec apaibagués.

No hi ha res que sigui tant ilusori com el goig
i el dolor, i aquell dia vaig fer-men carrec més que
mai. Quan era petit, moltes vegades sortia al car-
rer pera rebre la ruixada delitosament i em ficava

de peus en els sòts d'aigua; més gran, m'ha agradat sempre trascar per les serres més esquerpes, sense sentir-me de les caigudes i torçades de peu ni de les punxes d'argelaga que t pessiguen marxant pel mig dels maticers. Però aleshores totes aquestes joies d'un altre temps, trastornades pel deliri d'una imaginació febrosa i atormentada, desmaiaven la meva voluntat amb el martiri d'haver-les de sofrir.

Portem en el cervell la llanterna magica que ns presenta com realitats les alegries i les penes, i tant bé l goig com el dolor tot és mentida. I encara, si ns esforcessim tots a fer que la mentida de la realitat fos sempre bella...

Espassada la pluja, vam sortir de la caseta blanca pera tornar a marxar carretera amunt cap al Castell, i em sembla que deviem estar-hi molt pel camí, am tantes parades i treballs; però no n sé res de fixo, perquè a l'ultim quasi bé caminava d'esma. Encara no haviem fet cinquanta passes quan la pluja va tornar a caure furienta escombrada pel vent, que ens-e la rebotia per sobre. Sentint que aviat no podria més, jo deia tot baix: «Apa, acaba-l d'ensorrar bé an aquest pobre».

Çà i enllà l'espectacle confós de la Natura s'anava desplegant mentres pujavem, envolquellat en la boira plujosa d'una immensa tristor. A l'un costat s'extenia l'estimada ciutat dels dolços records, al peu de la silueta borrosa de ponent, contorn simbolic de la vera patria inoblidable; a l'al-

3

tre, el mar llatí en revolta, escumejant, aixecava
fins a nosaltres la barbra remor del seu panteix; al
davant, cap amunt, començava a dibuixar-se la
presó mig-eval, brollant de terra per entre l misteri
evocador de la llegenda; i, per sobre de tot, aquell
cel d'impietat del meu Calvari, ofegant-ho am la
rancunia de les coses.

IV

L'ARRIBADA AL CASTELL

A un troç lluny del reixat ens varem aturar davant del centinella, que cridava al caporal de guardia. Ja hi erem. Quan anavem a passar el pont vaig veure tot d'homes que miraven enfilats per les reixes, i això m va suggerir l'imatge patibularia d'un castell fabulós farcit de presos apilotats els uns sobre ls altres. Després... després, no sé: tot ho veig boirós en la memoria. Me palpen per tot arreu, veig un guarda que dóna un plec obert i un de tancat amb ordres reservades, passem rampes fosques, portes molt grans que s tornen a tancar, un pati espaiós ont hi plou a dojo, una volta fosca, un calaboç i un home que ns diu: «A la paret veuran lo que han de fer».

A dintre hi havia uns bancs de ferro am posts a sobre, i res més. La porta s va tancar, i el soroll

de claus va allunyar-se, deixant-nos en un silenci
sobrenatural, un aixordant de tot el nostre esser,
retuts, sobre les fustes, sentint damunt del cor tot
el pes d'aquella aplanadora soletat. En aquelles
hores en que era tant horrible quedar-nos sols amb
els nostres pensaments, el temps va fer-me por,
perquè entre míg d'aquelles parets despullades,
sense un llibre ni un troç de paper, tancat amb un
home desconegut, l'espai d'una hora m semblava
un desert inacabable. Mai a la vida m'havia trobat
en la situació espantosa de no poder fer res sinó
pensar. El temps me va fer por, aquesta és
la cosa, i vaig sentir esgarrifances de fred quan
l'altre m va fer la pregunta que jo temia: «Què
farem?»

Perxò l'ensopiment no va durar gaire, i, una
mica revifat, vaig llegir el reglament clavat a la
paret, una ordre seca que ns prohibia cantar,
jugar a cartes i fins l'acostar-se a la finestra, esta-
blia les hores de llevar-se i anar a dormir, de
menjar i escombrar, donava una hora de pas-
seig pel sol, i manava algunes altres coses, ame-
naçant qualsevol falta am castics, ramblatges o
privacions.

Amb el meu company vam *pendre possessió de la
casa,* i això va fer-nos descobrir alguns mobles que
encara no ls hi sabiem. A davant de l'entrada l
petit recibidor feia dos reconades: a l'una hi havia
una gerra plena d'aigua i una galleda, i a l'altra
una mena de portadora rodona girada al revés que

no dissimulava de cap manera pera què servia. Dos envans que no arribaven a la volta formaven després un corraló estret ont hi abocaven les portes de quatre celdes, i el corraló donava a una saleta del cap-d'avall del calaboç, on s'hi obria de dalt a baix la muralla de catorze pams de gruix, deixant com una espaiosa miranda. Una paret molt més estreta s'alçava fins a ran de cintura, i d'allí fins a dalt hi quedava una obertura gran am reixa; finestra enreixada que no privava gens l'hermosa vista de la boca del port, la planuria del riu i el mar. La finestra l'havien clavada am caragols.

Com que hi faltava un vidre, la mig-jornada ns tirava l'aigua a dins de la celda, i encara ns vam entretenir un moment tancant un finestró i tapant les escletxes am serradures trobades a dintre d'un quartet. Me recordo molt de totes aquestes petites feines perquè després d'haver-les fetes me vaig quedar desconsolat altra vegada, tot sol amb els meus pensaments. L'obsessió d'aquell plec tancat amb ordres reservades me posava neguitós i no gosava dir-ho a l'altre, que no se n'havia adonat, pera no entristir-lo més. Seran pera l general? Seran per aquell home que puja cada vespre i sen torna a la matinada? I el cap se me n'anava a les histories sentides a la presó de baix i, revoltada l'ànima per un dolor imaginari, esclatava en el pensament redressada d'orgull: «Soc ignocent, i abans de fer mal a ningú que m matin... que m matin...» Aquest esperit illusori m consolava, fins que, sentint-me desmaiar, m'alçava, corria pel calaboç, cantava am veu baixa i buscava per les parets i pels recons am l'esperança de trobar-hi alguna cosa.

Un clau! Ja tenim un clau. El company va corre pera veure l trobo. Quantes coses se poden fer amb un clau, i sembla res! Fent-me l carrec de que passaria molt temps allí dintre, cercava per tot arreu els elements que podien esser-me utils pera la vida nova, com si un temporal m'hagués portat fins an aquella estranya isla abandonada. Am les posts i bancs arreglavem el llit, la taula de menjar, petits escriptoris i bancs pera seure; amb el clau pensava ratllar un joc de dames a la post més ampla, fer un penja-robes i tallar peons am taps de suro; i d'aleshores ençà, encarrilada l'imaginació, tot eren invents pera refer en la petita isla l'ambient casulà que haviem perdut.

Sembla que les coses que ns rodegen ens ajuden a viure, i per això, aixi que ns falten, l'imaginació barrina pera refer-les i no descança fins que ho ha lograt. En les revoltes dels homes contra les institucions creades, la gran conservadora és l'imaginació dels pobles, que, un cop apaibagada la lluita, quan l'esperit revolucionari s'atura a descançar, desvetlla en lo inconscient de les multituts les normes adormides, les velles institucions que ls ajudaven a viure, i recomença l'obra sorda de refer-les disfreçades am noms moderns, revifant-les am la

sava revolucionaria. Per això, com en la crosta de
la terra les capes geologiques representen el ròssec
de totes les edats passades, en les institucions
socials d'avui en dia podria esbrinar-se l'historia de
l'humanitat.

V

LES CRISIS DE L'ANIMA

LA mullena m donava esgarrifances de fred, i, sense una mala manta pera abrigar-me, em vaig treure la roba de llana pera posar-la a secar. Aleshores vaig pensar en la mare, que quan me veia arribar mullat a casa corria a donar-me roba neta escalfada am mates d'espigol; i, encara que vaig trobar d'anyor la calma tebia del menjador de casa quan a fòra desbóta l temporal, aixecant l'esperit de l'egoista contemplació de les meves penes, vaig sentir arruixar-me l cor una pietat infinida pels que ploraven per mi. Com més m'anava retornant, més sentia la tragica desolació dels que m'estimen.

Pera explicar aquests moviments de la meva ànima he de dir abans quines eren les meves illusions de jove, aquell gran afany de patir que m perseguia. Els primers anys de la joventut com els de l'infantesa van esser pera mi una edat daurada passada a l'amor dels meus pares i del meu germà, en l'inconsciencia dels sofriments de l'home, pensant que les angunies dels examens pel mes de Juny eren les penes més amargues. Tenia ls ulls oberts i no hi veia, l'orella ben desperta i no hi sentia; i després he vist que això no té res d'estrany, puix n'hi ha què passen així tota la vida. No tenint de lluitar pera viure, perquè l'amor dels meus m'estalviava tota lluita, vaig fer-me gran sense coneixer la rancunia.

Quan la sava de l'amor va començar a córrer valenta per les meves venes, me vaig sentir amb un cor capaç d'estimar fins al sacrifici. Si aleshores en el camí de la meva vida hagués trobat una dòna prou generosa pera deixar-se estimar, l'hauria seguida com enlluernat per una llum celestial i el món hauria acabat pera mi, gloriós de cremar als peus del meu amor tota una vida. Però aviat la fredor am que m tractaven me va fer entendre que no havia nascut pera agradar a les dònes, i aquell gran foc que m'abrusava l'entretenia mentrestant amb els afectes de l'amistat i de la familia.

La meva naturalesa sensual i apassionada no n tenia prou d'això i es consumia en aquell foc intern, fins que, sense adonar-men, va caure sobre mi una gran religiositat, una foguerada mistica que m donava l'avorriment del goig sexual, fonia l meu esperit en oracions ardentes, inacabables, i inflava la pensa, atormentada de terrors i misteris. També això va passar, i molt temps vaig trobar un consol en l'estudi i en la poesia; i com que no tenia prous llibres pera llegir, buscava per tot arreu, assedegat, sense cançar-me mai: encara m recordo d'aquella venedora de la plaça que embolicava les maduixes am fulls d'una edició monumental de les obres den Zorrilla, i de quant gloriós me n'entornava a casa si després de rondar-li la parada podia trobar per terra una plana de versos degotant del suc vermellós de les maduixes.

El pobre cós sofria dels torments de la pensa trastornada, i les neuralgies van obligar-me a anarmen al camp, a les faldes pirenenques, on, lluny de ciutat, colrat pel sol i brunyit per la tramontana, va asserenar-sem l'ànima, i el cós sem va nodrir de nova vida. L'aspra fortalesa dels vint anys anyorava les revoltes psiquiques d'afecte sexual i preparava sordament la transformació d'aquest afecte en l'amor humà, en l'altruisme generós que ns fa gaudir am les alegries de tots els homes i que ns fa patir am totes les seves penes, fins que un dia aqueixa obra sorda va esclatar, tremolosa del goig d'haver nascut, arruixant tot el meu esser d'una pluja suau i benhaurada, solant-se tota en un desig suprem de llibertat.

I això no era un concepte filosofic, sinó 1 desig d'una ànima òrfena de rancunia. Jo t'am, jo t'am, llibertat santa, filla del gran amor de la meva jovenesa!

D'aleshores ençà vaig farrejar-me en la lluita

moral de les idees, joiós de l'entusiasme que sentia
per aquella llibertat redemptora dels meus somnis.
Tot jo era activitat, desig de lluitar, de propagar,
de convèncer, i aquest afany no va minvar un
moment, fins que les meves armes van esmossar-se
contra ls homes negres que m presentaven l'espec-
tre del dolor. De primer els vaig pendre per lla-
dres que volien robar-me l meu ideal; però eren
pobres i no van fer altra cosa que remenar-se per-
què l tuf de les seves miseries me desarmés.

«Vine am nosaltres, ànima generosa, — em
deien; — vine am nosaltres i devallarem plegats a
l'infern dels que pateixen. En les nostres barriades
veuras les dònes brutes i escanyolides de les fàbri-
ques i sentiras la tristor de la bellesa morta; en les
casetes encongides trobarem els breçols abando-
nats, amb els infants que ploren i allarguen les
manetes cercant l'esllanguida mamella de la pobra
mare que treballa. Tu, que vols la llibertat pera
redimir-nos l'ànima, vine am nosaltres, i t'ense-
nyarem els còssos corsecats per la fam, les velleses
desesperades, les morts solitaries dels hospitals,
les criatures arrencades als jòcs de l'infantesa, am
l'alegria glaçada al cor. Vine am nosaltres, ànima
generosa, i devallarem plegats a l'infern dels que
pateixen.»

I al creure-ls i als seguir-los vaig veure l'amor
humà corcat per la rancunia.

Això va esser una revelació pera mi, aquest
món del dolor que jo no coneixia; i, sentint que la
llibertat somniada no apagava la meva sèt d'amor,
vaig compendre que no sabria estimar fins que
coneguès el sofriment. Buscava la companyia dels
pobres i els deia que m contessin les seves mise-
ries; volia penetrar les seves ansies de revolta,
esbrinava si tenien alguna esperança d'emancipa-
ció llunyana, i me n'entornava a casa commòs de
no poder-los redimir. Restava impotenta la meva
illusió de llibertat, i el meu cervell no n sagnava
d'altra. Demanava als llibres la llum salvadora, i
no més me donaven focs-follets de cementiri que,
acabats d'encendre, ja s fonien altra volta en les
tenebres.

Al mig d'aqueixes ansies me va corpendre un
gran desig de patir, de trempar la meva ànima am
les angunies de la fam, de deslligar-me dels que
pel seu amor m'estalviaven tantes penes, d'enfon-
zar-me en la vida despullat de tot, com orfe nova-
ment nascut, de portar voluptuosament a la boca
assedegada l calzer de tots els sofriments, segur de
que si el dolor humà que coneixia sols com un
concepte de l'intelligencia arribava un dia a esser
en mi un sentiment tant intim que fos carn de les
meves carns i òs dels meus òssos, el meu cervell
infantaria, roja de la meva sang, no més l'idea
pura i redemptora, cristallisació suprema del meu
amor.

Per això quan pujavem al castell trobava una

amarga voluptuositat en les meves penes; per això
així que minvaven me complavia atormentant-me
amb el dolor dels demés. I així que vaig poder es-
criure an els de casa, commòs fins a les llagrimes
pels seus sofriments, els vaig dir que no patissin
per mi, que no m passaria res de mal, que la presó
no m donava gens de pena, que no m donguessin
el remordiment d'haver-los fet plorar sense consol
per l'obsessió de la dissort que ls portava. Aquesta
carta la vaig escriure en català, i al cap d'una es-
tona van tornar-me-la dient-me que no s'hi podia
escriure.

—Faci-la en castellà, en francés, en alemany,
si vol; però en català no pot esser. —

Llengua avorrida! No més tu parles al meu cor.

VI

GLOPS DE FEL

AP al tard va obrir-se la porta del calaboç i van entrar a la nostra celda dos amics de l'altre, acabats d'agafar, segons van dir-nos. Això ns va distreure molt a tots plegats, an ells de trobar tant bona companyia i a nosaltres per les histories de fòra que ns van portar. Eren tots tres uns cafeters que no podien fer-me mala espina, i com que jo tampoc els devia esser antipatic, desseguida vam fer-nos amics. Com a més *experimentats,* després d'ensenyar-los el pis i totes les eines de que disposavem, els vam explicar les costums del castell i la trista vida que ns esperava. Me va semblar que no s feien prou carrec de la desgracia que ls havia caigut a sobre i no ls vaig voler fer perdre les esperances que tenien, encara que, refiat de la meva ignocencia, sense tenir-los per culpables, mels mirava com més perduts que jo..

El sopar va esser més divertit de lo que podiem pensar, disfrutant de la sorpresa que ls feien an els dos forasters les costums que ls altres dos, encara que poc, ja coneixiem. Tots portavem plata i no hi vam planyer res pera regalar-nos, desde les espelmes pera fer llum fins al cafè i cigarro pera ls que fumaven; i així la vetlla ns va passar volant entre qüentos i rialles, contents de que ns deixessin estar plegats pera fer-nos companyia. Més tard ens van portar dos llits de sorge com els que ja teniem, i marfegues, mantes i morralets de palla pera tots, semblants als que servien pera la presó de baix. Encara que l reglament manava que tota la nit vetllessim dos presos a cada calaboç amb el nom d'*imaginaries,* en el nostre no va vetllar sinó l llum d'oli, i, després d'arreglar els llits ben apropet els uns dels altres, ens hi vam ajeure pera dormir, sense que jo pensés en el plec tancat ni tant sols en les ordres reservades.

Un paorós terra-tremol ens va fer saltar de les marfegotes i corre de l'un costat a l'altre sense saber ont anavem. A fòra ls timbals i trompetes de l'artilleria tocaven a retiro am pausada majestat; però l'espinguet del metall i el sò dels tabals retrunyien tant barbrement sota la volta ampla i per un extrem sense sortida, que, ofegada tota l'harmonia del conjunt, semblava que passés cantant una cavalcada de gegants, acompanyant-se del tro, un himne a la força. Mai m'he sentit tant petit com aleshores, estemordit per aquell esclat d'omnipo-

tencia; però, malgrat la tristor que això m donava,
vaig trobar-hi tanta bellesa en el meu esglai que
fins a molt temps després sortia cada nit a la fines-
treta a l'hora de tocar a retiro, frisós de ressentir la
barbre impressió de la primera vegada.

Al llit no vaig poder dormir, perquè començava
l'hora del misteri, i l'obsessió de les ordres reser-
vades i de tots els terrors desconeguts tornava.
Embolicat am la manta, treia l cap enfòra pera
escoltar, i no més sentia revolcar-se ls meus com-
panys, que tampoc dormien, els passos de l'artiller
sapat que s passejava aprop del trau de la porta
amb el tallant al braç, i, a fòra, cada quart, el crit
d'*alerta!,* llarg i dolorós com una complanta del
vent que se l'emportava i el repetia més lluny. Me
semblava que tot just m'havia adormit quan a
punta de dia l corneta va tocar albada.

Els altres dies passats a la mateixa celda no
tenen historia. No feiem més que jeure i jugar a
dames o mirar el mar per la finestra enreixada,
acostant-nos cada vegada més als vidres, retornats
de la por que ns feia l primer dia un centinella
armat am carrabina, clavat com un estaquirot a
poques passes del nostre calaboç.

De primer vaig arreglar-me una llibreta pera
escriure-hi versos, i fins vaig asseure-m inspirat
pera treballar-hi l *Cego,* una idea estranya d'un
pobre que, sense ulls, hi va veure mentres visqué
sa mare; però les rialles dels meus companys, que
jugaven a flendit o al canut, me van distreure, i,

bona nit viola, no vaig tornar-hi més. L'afany
d'aprofitar aquell temps malaguanyat me feia pensar
en escriure un dels llibres que rumiava temps ha, i
me recordo que m delitava molt amb el pensa-
ment de tenir una obra feta en les hores mortes del
captiveri.

El cas és que anaven passant els dies, i, avui
perquè plou i demà perquè no ns toca, mai ens
treien a passejar amb els altres presos aquella hora
promesa pel reglament, tant esperada pera saber lo
que s deia per fòra. Al cap de quatre dies vam pre-
guntar a l'oficial que venia pel ranxo com era que
no ns treien a pendre l sol. «Oh! És que vostès,—
va dir,—no són com els altres: vostès estan inco-
municats.» Ens va deixar de pedra; i si no fos
perquè pocs dies després vaig rebre una sotregada
molt forta, m'hauria recordat molt de la tristesa
que això va portar a la nostra celda i de les llargues
hores d'ensopiment que desde aleshores hi vaig
sofrir.

El jeure tant i la duresa de les marfegotes, que
semblaven de pedra picada, ens va tulir de tal
guisa que am prou feines podiem adressar l'esque-
na; i encara que ls meus companys deien si allò ns
podia venir de la mullena, me vaig posar a cami-
nar amunt i avall de la celda, que tenia una fonda-
ria de quinze passes, i pera entretenir-me comptava
amb els dits les voltes que feia. No havia fet una
hora de camí que ja les cames sem descompassa-
ven de cançament, i tot entresuat me vaig ajeure a

4

sobre les fustes, perquè de bon matí ns feien plegar les marfegotes i mantes.

I del demés poc me recordo, enterbolida la memoria pel ròssec de l'oratge més violent que hagi passat mai per la meva ànima. Vet-aquí, doncs, una semmana justa de sofriments ensorrada en un oblit quasi epileptic per la petjada fonda d'un record esgarrifós.

Sèt dies després de l'arribada al castell, cap a les quatre de la tarda, me van fer sortir tot voltat d'artillers armats am carrabines i vam anar a parar a una altra celda semblant a la meva, però més ben aconduida, nèta i pintada de nou. A dintre, un home de cara repulsiva que duia brusa blava i tenia tot el posat d'un cuida-malalts va fer-me dir am veu alta com me dic i de què feia. Després varem entrar a la saleta del cap-d'avall, que tenia una vidriera am cortinetes blaves a mà dreta i una finestra enreixada a mà esquerra, ont hi havia un militar darrera d'una taula, un soldat molt gras escrivint i un home jove groc com un mort i amb uns ulls grossos que li sortien del cap. A la porta, el cuida-malalts escoltava.

D'aleshores ençà vaig tornar a veure moltes vegades la saleta emblanquinada, tota senzilla i clara, sense altre misteri que les cortines verdes de la vidriera; i més d'un cop vaig tornar a sentir la veu perfidiosa d'altres acusadors que m'ensorraven am les seves mentides, però mai més he sentit un home que parlés de coses tant terribles i tant falses am la naturalitat del primer. Tots els demés quasi bé no parlaven, sempre amb el cap baix, la veu somorta i tots els trajos d'un home que no fa l que vol.

Aquell dia les preguntes i respostes van durar més d'una hora, sense que jo pogués avenir-me de que un home desconegut me volgués perdre en tanta manera. Per això, esperant sempre que abans de sortir sen penediria, el busquinyava per tots istils, ajudant-lo a sortir-se de l'afront en que s posava; però ell, da-li que da-li, com més anava més s'empedreïa en la mentida, i em donava entenent quant perillosa era pera mi aquella lluita heroica en que un minut de cançament podia costar-me la vida. Quan hi penso me faig creus de la serenitat que va salvar-me, perquè a l'ultim, a copia de preguntes, el vaig embolicar prou pera poder un dia fer valer davant del tribunal la meva ignocencia. És un miracle de la naturalesa aquest coratge que trempa l'ànima poruga a davant del perill; miracle més dificil d'esbrinar si heu vist al debil, després de la lluita, arronsar-se altra vegada, espantat de la seva obra.

Estic segur de que no m tremolava la mà quan vaig posar la meva firma pera respondre de lo que havia parlat la meva boca, joiós de no haver dit ni una mentida, malgrat el perill de mort que m veia a sobre. Al sortir no van tornar-me al lloc ont estava abans, sinó a un altre més trist i fosc, humid com una gruta, que no donava al mar, sense altre consol

pera ls ulls que un terraplè i un troç de cel, darrera
resquicia de la llibertat perduda. A dintre hi havia
dos desconeguts: l'un, arrupit en un recó, empio-
cat, mirava amb ulls esporuguits, i l'altre caminava
depressa per la celda, d'en tant en tant s'aturava
estirant-se ls cabells, caragolava un renec esgarrifós
i tornava a marxar més depressa encara.

VII

DÉU MEU,
PER QUÈ M'HAS DESAMPARAT?

.

ELS vaig dir qui sóc i de què m'acusaven, i ells van contestar-me que ls carregaven les mateixes acusacions. Tenia molta sèt, però allí no hi havia més que una galleda plena d'aigua bruta am tot de bocins de calç sosllevada de les parets per la mullena, i no n vaig voler beure de fastic que va fer-me. Aleshores vaig sentir que l meu esperit començava a empiocar-se també i vaig posar-me a córrer com un boig per la celda, plena de *miseria,* estirant-me ls cabells i renegant com l'altre. Encara un moment vaig trobar un consol en l'illusió de defensar-me escrivint an el meu germà una carta en la que li demanava que entre ell i els amics me treiessin d'allí, que sinó jo m tornava boig.

I era veritat: el cap se me n'anava, incapaç de
fer-se carrec tant sobtadament de la mentida que m
perdia. Allò de no esser sol, d'haver-n'hi ja dos
més d'escandallats pera l sacrifici, era prou clar
pera donar-me entenent que la cosa anava de debò
i que seriem fusellats al cap de pocs dies. Però l
cervell no hi volia saber res en això de morir i
em cridava que l defensés contra aquella idea pun-
xanta i perfidiosa, corrent per la celda com un
boig, cridant a tota veu que era ignocent, renegant
com els condemnats de l'infern biblic. I quan volia
distreure-m mirant per la reixa i la vista topava
amb el terraplè pelat, sense una escletxa, m'acla-
parava l'impietat dels que m volien mal, i en la
carta del meu germà li deia: «M'han pres la mar,
el darrer consol de mon captiveri». El que estava
més arrupit se va trobar dos polls que li corrien
per sobre.

Quan van venir amb el ranxo crec que no n
vam tastar: un boci de pa, i encara no per gana,
sinó pera fer com aquell qui menja alguna cosa.
Un dels companys, que m'esgarrifava amb els
posats d'idiota que tenia, sen va anar al llit, acot-
xant-se fins a damunt del cap pera ofegar el soroll
d'aquella barrina sorda que li foradava l cervell, i
els altres dos encara vam córrer molta estona sense
poder entrar en conversa, cada hu tot sol amb el
seu neguit, que com més anava més creixia. Aixi
que s va fer fosc les forces sem varen acabar, i,
sentint-me incapaç pera resistir més l'idea pun-

xanta i perfidiosa que volia ficar-sem en el cervell, vaig entregar-me ajegut sobre l llit. Aleshores va desbotar l'oratge més violent que hagi passat mai per la meva ànima, i, encara que ningú n va heure esment i que podia ben callar-m'ho, me sembla que no sabria tirar endavant sinó contava aquell tragic ensorrament de la voluntat esmicolada.

De primer, envolcat am la manta, vaig veure si podia negar en llagrimes el trastorn de l'esperit, i em penso que si hagués pogut trencar un bon plor pot-ser hi hauria trobat un gran consol; però la por de que ls altres me sentirien degué espantar-me i no vaig poder. I les llagrimes que s queden a dins són les més amargues! El pensament de que m matarien aviat era la nota obsedant del desordre psiquic, aquella mort tant estupida a la flor de la joventut, quan el cervell començava a perlejar d'idees propries. Per lo mateix que m llevaven a mi n'havien mort sis dos anys enrera, sense que ningú demanés el seu perdó, avergonyits fins de la seva llàstima els que n sentien; i aqueixa mort avorrida de mal home maleit per tot-hom, a mi, que tant m'agrada que m'estimin, esmicolava la meva ànima i em punxava l cervell, amarat d'amor pels que pateixen.

Mentres vaig creure que no més tindria de respondre dels meus actes, no va faltar-me esperit pera esperar qualsevol pena, perquè pensava que mai seria tant grossa que no la pogués resistir am l'ajuda de la meva conciencia, segura de no haver fet cap mal a ningú. «Si allà on tu no hi has posat més que amor als pobres hi volen veure ls altres una malicia que mereix presó,—jo deia,—doncs que m tanquin, que m facin lo que vulguin, per-què no és cap pena la que ns donen per una cosa que no ns en tenim de penedir.» Però això de fer-me pagar culpes d'un altre que no conec, de lle-var-me falsos testimonis pera matar-me, això, per lo impensat i esgarrifós, esbocinava aquella volun-tat tant forta de patir que jo tenia. Morir pel mal que han fet els altres, quan jo avorria l'mal, era més fort que jo.

Ja era negra nit quan varen obrir el calaboç, i els meus companys van alçar-se esglaiats, perquè van dir que havien sentit la veu de l'home que als vespres se n'enduia ls presos. No sé que van reme-nar per allí dintre, però l cas és que no van en-dur-sen ningú. Si allò arriba a passar-me la nit que vaig entrar al castell, és tant cert com hi ha món que m'hauria quedat fred com un mort. Però ara ja no m donava ansia sinó una cosa, morir, i men-tres me deixessin viure podien fer lo que vul-guessin del meu còs.

Jo, que am l'illusió de la meva força intellec-tual havia deixat pera sempre les comunions poli-tiques i m'havia estat de tants vicis i plaers pera fer-me, a copia d'afanys, unes idees propries; que, arribat a la Meca de les meves esperances, combre-gava tot sol en l'isolament del meu altar, aixecat am suors de l'ànima al cim d'una montanya, espe-

rant tremolós que hi devallés l'idea pura, la llum
que havia de guiar-me en el pelegrinatge d'aquest
món, me trobava tancat allí, perdut sense remei,
entre les runes de les illusions esmicolades, con-
demnat a morir per una idea vulgar i rancuniosa,
de tant curta durada, que al cap de poc temps ja
no n parlaria ningú.

Aixi, tots els afanys i sacrificis havien sigut de-
bades, i la vida mancada sentia l'anyorança de tots
els plaers no aprofitats en el seu dia. Jo era la cri-
salida mòrta quan encara no tenia ales pera volar,
la planta colltorçada abans de regalar-se am la flaire
dolça de les seves flors.

«Treieu-me d'aquí,—cridava l meu cervell,—
vui viure, vui disfrutar sense pietat pels que patei-
xen. No hi tornaré mai més a pensar en els altres:
qui vulgui llibertat que se la guanyi, i els que nò
vulguin patir fam que s morin. Deixeu-me anar,
que us ho demano am les llagrimes als ulls; jo vui
disfrutar del món pera mi tot sol, vui viure, vui
viure, vui viure...»

I és que, morta la fe davant de totes les illu-
sions perdudes, no m restava a l'ànima sinó l'ins-
tint de la bestia, rabiosa de morir sense haver gau-
dit l'amor de la femella. Tot el meu desig de patir
se m'espassava i veia caure feta engrunes aquella
voluntat que un dia m'havia cregut que era de fer-
ro. Així, miserable i covard, me revolcava pel llit
orfe de tot lo que m'ajudava a viure, però perxò
més empedreit que mai en l'idea de no voler mo-

rir, sentint ganes de córrer a agenollar-me als peus dels que m volien mal pera demanar-los que m perdonessin.

Ara comprenc com va esser que Jesús, clavat a la creu, digués: «Déu meu, Déu meu, per què m'has desamparat?» No eren els sofriments els que li feien queixar-se aixi: eren les illusions que fugien, la fe que se n'anava. Calla-t, instint humà, i torna tu, l'idea que m'ha portat aquí, i arruixa-m la meva ànima! Déu meu, Déu meu, no m deixis tot sol a l'agonia, penetra tot el meu esser de la teva essencia, que am tu nò hi ha dolor; no m desamparis.

Aixi també avui l'humanitat esceptica s revolca en el sofriment, sense cap illusió que l'aconsoli. De l'un remei a l'altre, tots els prova i cada dia li porta un desengany; i és que pot-ser, orgullosa, ha volgut divinisar-se esbrinant la veritat, sense coneixer que la sola veritat de la vida és la nostra petitesa, i el veritable remei l'illusió bella, la mentida que ns amaga l sofriment, l'amor que cega i fa oblidar. Si és morta pera sempre l'antiga fe, no trobarem remei al dolor fins que l geni de l'home n suggereixi una altra. Qui t pogués infantar, idea redemptora de l'humanitat sense consol!

A les dues de la matinada l'animeta d'oli que feia llum a dins de la nostra celda va aclucar-se, i aquest debil cambi de la claror a la fosquedat va despertar-me. Tant fluix dormia! El sòn va esser febrós com la vetlla, i, amb els somnis que m van

atormentar, l'enfonzament de la voluntat va aca-
bar-se del tot. Aleshores ja no tenia ganes de córrer
amunt i avall de la saleta, i m'estava a sobre la
marfega, embrutit, sense una ombra de pensa-
ment, amb un soroll brunzinant sota la closca,
com si a dins del cervell un aixam d'abelles perfi-
dioses hi vetllessin un mort.

Quan se va fer de dia encara vaig començar
una carta pels de casa, i a cada punt me quedava
am la ploma a la mà, embadalit mirant en l'aire
sense veure res. Després, a l'hora de la neteja,
vaig agafar la galleda mentres els altres dos duien
la portadora. L'oficial, que era un bon home, va
compadir-se de mi, i com que jo anava sense res al
cap i plovia molt, no va voler que anés a omplir la
galleda a la pica de la cisterna i hei va fer anar un
artiller. El bon cor d'aquell jove m va entelar de lla-
grimes els ulls, i, encara que hi havia pera allí
molta gent, no vaig avergonyir-men. També va
demanar una gerra pera que hi tinguessim l'aigua i
ens-e la van portar.

La carta del dia abans no va passar, però algú
dels que l'havien llegida pot-ser se va sentir commòs
de la meva tristesa, perquè a l'hora del ranxo vam
rebre l'ordre de fer el paquet, i al cap d'una estona
ja erèm al calaboç que hi ha al costat del que hi havia
viscut una semmana. La nova habitació era quasi
bé igual que la primera. No sé per què ns van fer
cambiar de llits; però l cas és que en el magatzem
van carregar-me les tres posts de fusta, molt groi-

xudes, i els dos bancs de ferro, pera dur-los d'un
camí; i com que estava tant debil, a mig viatge va
tenir d'ajudar-me un artiller.

Allà varem trobar-n'hi sèt que ja feia dies que
no cantaven, am les mateixes acusacions que nosal-
tres, però sentint, més que la por de la mort,
l'espant de les llegendes que corrien a la presó de
baix. I aquella idea obsedant de que l'home que
pujava cada vespre ls passaria a buscar qualsevol
nit pera quedar-sels amb ell, tant i tant els esborro-
nava, que l'un va emmatzinar-se menjant-se l sofre
de tres capses de mistos, i dos o tres més van fer-se
punxes am les culleres de fusta pera matar-se aixi
que ls cridessin. Com que jo mai m'havia volgut
creure aquelles histories i an ells aleshores la mort
no ls feia por, vet-aqui que ls dos optimismes van
fondre-s en un i al cap d'un quart quasi bé estavem
alegres.

El dels mistos no s va morir, i lo que provo-
cava feia llumenetes; però l metge, que era molt
intelligent, va dir que tenia ls tifus. Per tota mede-
cina li donaven aigua freda amb un porronet,
i sembla que l *remei* li va anar molt bé. Quan vaig
entrar estava acotxat am la manta, duia un mocador
lligat al cap i estava tant magre i tenia ls ulls tant
fondos, que de la seva vida no n'haurien donat una
pipada de tabac.

Tots van dir-me que eren ignocents com jo, i
al veure tanta gent acusada de la mateixa cosa va
entrar-me l consol de que pot-ser no ns matarien.

Sobtadament m'anava retornant de mort a vida. Vaig acabar la carta començada am tot un altre esperit, i vaig anar-men després a la finestra a veure l mar altra vegada, tota la platja fins a més enllà del riu, la boca del port amb una de les torres, i un horitzó immens i asserenat tot d'un cop com per miracle. Davant d'aquell espectacle imponent en que les coses me semblaven amics d'un altre temps que venien a consolar-me a ran de les reixes de la meva presó, vaig sentir devallar fins al fons de la meva ànima una calma dolça que m va tot retornar. La voluntat va refer-se fresca i inesperada, i tot entressonyat vaig començar-me a desvetllar i a sentir més fort que abans el goig de viure. En el cervell m'hi sentia una gran remenadiça d'idees impregnades d'amor: les illusions tornaven.

D'aleshores ençà he passat aprop d'un any en el castell, unes vegades sol i altres tancat am companyia. Allí he sofert més que en tota la meva vida i he plorat les llagrimes més amargues; allí he sentit les angunies de la mort ben a la vora i el trastorn de la compassió més desesperada; allí he conegut l'immensitat de l'amor de l'home, i també hi he passat hores benhaurades d'una alegria que mai podré oblidar; però quan repasso en la memoria l llibre del record del captiveri, després de l'oratge psiquic que acabo de referir, veig que ls més fondos i imborrables me parlen sempre d'aquella colla dels dèu tancats sèt mesos junts de nit i dia, i els seus noms i les seves fesomies, els seus gestos i el seu parlar, els seus defectes i les seves virtuts, han quedat pera sempre en el meu cervell com un rastre eternal de tantes esperances repartides entre tots i de tantes penes plorades amb els mateixos plors.

LA COVA DELS LLOPS

LA COVA DELS LLOPS

LLEGENDA

Una nit d'engunia, una llarga nit que no podiem dormir, el més vell de nosaltres ens va contar am veu tremolosa la llegenda de la montanya maleïda. Tots déu ens haviem recullit en el recó més arracerat del calaboç, i el cor ens va fer un salt a dintre del pit aixi que l nostre company va començar la tragica llegenda:

«Una vegada eren uns llops que semblaven homes...

»Com que volien fer de pastors, van anar a robar béns i ovelles pels cabals del voltant, i quan se van veure amos d'un galan remat sel en van endur a dalt de la montanya maleïda, ont hi tenen el seu corral. Ningú s'atrevia a plantar-los cara, i per això, carregats d'orgull, feien lo que volien. Arrufant el nas i reganyant els ullals, van robar fins els anyellets que les ovelles criaven.

5

»De primer feien com els altres pastors, llevat de dur el remat a pasturar, car no li duien. Recullien l'herba del voltant o la robaven i la tiraven a dins del corral perquè n mengessin els bèns i les ovelles, que perxò passaven una mala vida. De dia s passejaven pel mig del cabal am les orelles altes i la cua baixa, i de nit udolaven sempre. Els seus udols devallaven a la plana de dalt estant de la montanya maleïda, i les ovelles i els bèns i els anyellets de tots els voltants tremolaven de por.

»Però va arribar un temps que s van cançar de fer com els altres i es varen recordar de que . eren llops que *semblaven* homes. I aleshores a sota del corral van fer una cova fosca, molt fosca. Tota la seva collada s'hi va acoblar. N'hi va haver que volien matar en pocs dies tot el remat, altres volien matar-ne uns quants pera fer-se passar la gana, i al cap-d'avall van guanyar els que deien de matar-ne pocs, però amb una agonia llarga pera disfrutar-hi força.

»No més n'hi havia un de jovenet que fos bo. Els seus ullals eren ben petits encara. I ell sels estimava les ovelles i els bèns i els anyellets.

»Quan van haver fet aquest pensament van rumiar aprop de dos mesos com ho farien pera fer patir força, força. D'un cap de dia a l'altre no pensaven res més, i com que ja no s cuidaven del cabal, hi tenien un llop de presa que era tant llop com ells. El remat els sentia udolar a sota terra, i les ovelles i els bèns, esporuguits, no dormien, remugant tota la nit la tristor que ls corsecava.

» Abans de començar no n van fer poques d'ana-
des i vingudes. Per valls i montanyes van fer arre-
plegadiça de les herbes més amargues i de les pun-
xes més esgarrifoses. De les besties més dolentes
van apendre l'enginy, del cor de la Natura van
expremer el dolor. Dels arbres de tots els boscos
reculliren les resines més amargues i feren recapte
de fel arrencant-lo de la mocada de noves victimes.

» La guilla ls va dir com matava la viram, el
tigre ls va complaure jugant a davant d'ells am
l'ignocenta presa, la serp els va ensenyar el misteri
de la força hipnotica i els va donar verí de la seva
bava, l'esparver va caçar en el seu davant la tendra
coloma, i totes les besties i les aus de presa van
fer-los parada del seu enginy; però de l'animal que
van apendre més va esser de l'home.

» I ara saben curar am la llengua les ferides
fetes am les dents.

» Les argelagues i les puntes d'etzavara foren
les punxes més suaus que reculliren; les olivardes
i llentriscles van esser les plantes més dolces que
van endur-se del bosc. Voltant pels cementiris h
van fer arreplega d'una gran tristesa; passant tot a
la vora de les timbes van sentir la feredat de l'abim;
i trascant de nit pels corriols de les fondalades més
tenebroses van apendre la basarda que fa la soletat.
Així, assedegats de sofriment, expremien la Natura-
esa pera treure-n tot lo que fa patir; així n recullien
sensacions aclaparadores pera endurir-s'hi l cor:

però, per més que van fer, no van poder igualar l'ànima humana quan se dóna al mal.

»Tot s'ho van endur a la seva cova, udolant pel camí sempre que podien portar-hi un nou refinament de martiri. Quan els va semblar que ja n tenien prous van començar a voltar el cabal, assaborint am delit l'esperança del goig sanguinari. Anaven de l'extrem a l'altre a pas de llop, am la gola oberta i un pam de llengua a fòra. I els bèns, esporuguits, tremolant per l'escandall que hi hauria, s'acorralaven en un recó, toc a toc els uns dels altres, no gosant tant sols respirar de por que ls llops no sels mengessin.....»

El company va callar com si havés sentit un soroll sospitós. Tots vam parar l'orella sense sentir res, i, sense dir-nos-ho, varem acostar-nos més els uns als altres. Era molt tard i feia estona que havien tocat a quietut, però ningú pensava en anar a dormir. Un que havia sortit a guaitar per la portella havia sentit soroll de claus per la Plaça d'Armes i diu que tot sovint se veien passar presos entre mig de soldats que duien carrabines al braç. Pera saber què feien haviem provat de conxivar el centinella, un artiller sapat, que, en comptes de respondre, ens va tancar la portella amb una revolada.

El misteri que per tot arreu ens envolcava havia estemordit als més forts. Quan un hom se llevava al matí no sabia si a la nit vinenta dormiria en el mateix jaç, ni tant sols si dormiria. Per això la llegenda de la montanya maleïda ns feia tremolar paorosament. I mentre ls meus companys escoltaven aguantant-se l'halè, me va semblar com si fossim bèns i com si sentissim udolar els llops a fòra.

—No ha estat res, — va fer el company que havia sortit a guaitar per la portella.

Desseguida vam respirar millor, i, després de cavilar una estona pera esbrinar com era que l centinella fos tant sorrut, el company més vell, una mica refet de l'espant, am veu més tremolosa que mai, ens va acabar la llegenda de la montanya maleïda.

«Quan els llops ho van tenir tot a punt, una nit molt fosca van pujar, sense fer soroll, en el corral i van escandallar tres bèns. Eren ben tendres encara, els manyacs. A mossegades els van ensenyar el camí de la cova, i les pobres bestioles van devallar-hi d'esma sense saber aont anaven. A baix hi havia tota la llopada, llevat dels caps de colla, que havien devallat a la plana pera no esmoçar-se ls ullals.

»Mai s'ha pogut esclarir lo que va passar dins de la cova, mai se podrà contar per més que se cerquin els termes tragics de totes les llengües. La fam, la sèt i la sòn i les mossegades, no més van servir pera començar: d'en tant en tant els llops llepaven falaguerament a les pobres victimes pera que s'adonessin més del mal que ls feien. Sobtadament els sortien de trascantó pera esglaiar-les i les arrossegaven a damunt d'un jaç d'argelagues i els clavaven els ullals per tot arreu, cuidant-les a matar.

»La soletat i les tenebres i els sorolls misteriosos de la nit, la llopada va fer-los servir com amaniments del carnatge. Quan les besties tenien fam, els llops els donaven sangrellengües, olivarda i rabaniça groga; pera fer-los passar la sèt els ensenyaven l'aigua d'un sòt ont hi buidaven el fel arrencat de la mocada de noves victimes. El sarguinyol els feia orinar sang, les punxes d'etzavara escampades per terra ls arrancaven els unglots de les potes, i les caixalades dels llops els treien la poca sang que ls restava. Les pobres bestioles van ajeure-s boi mortes de candiment i de dolor.

»Aleshores els llops van pujar al corral, van escandallar un altre bè i van arraulir-lo a baix a la cova ben depressa. Quan la darrera victima estava estabornida, pujaven a escandallar-ne una altra, llepant-se delitosament els morros bruts de sang. Més tard sen van emportar una altra, i una altra, i una altra més i una altra encara. Els bèns i les ovelles del cabal se corsecaven perquè l'angunia menjava més que ells, i a més a més se veien embestits pels seus germans, que ls llops els abordaven desde la cova quan ja ls tenien folls de rabia. Enginy humà i no de llop, aprés dels homes, aquest d'engegar germans contra germans am furienta follia.

»A baix a la cova un refinament impensat trencava l cor dels bèns eucaristics. La masega era més furiosa cada dia, i el bestiar llençava un plany etern. Els uns s'enternien amb els gemecs dels altres, i els llops se redreçaven a cada punt i embestien am joia barbre. Perquè l'agonia durés més, quan veien una pobra bestiola que finia, la retornaven llepant-li les ferides i donant-li aigua clara i herba tendriçona. Així era com, a despit de la Natura, que avorreix l'anorreament, les pobres bestioles, fartes de patir, se llençaven esbojarradament de cap contra les roques, cercant el consol de la mort.

» Però no l trobaven, aquest dolç consol. No ls en restava d'altre que l d'esbravar-se llençant bèls llarguissims i tant tristos que fins les pedres se n'enternien. I ara d'aqueixos bèls n'està maleïda la montanya. Les terres d'ella sen varen amarar per sempre, i, traspuant per fòra, els vents sen van endur per tot arreu, per la terra i pel mar, per valls i calmes i cingleres, d'un poble a l'altre del planeta, escampant la tragica llegenda de la cova dels llops i de la montanya maleïda. »

El company va acabar trasbalçat i tots vam aixecar-nos amb esgarrifances de fret i am la sang apilotada en el cor. La porta del nostre calaboç s'havia obert de bat a bat. Més llesta que l llamp, la meva imaginació, barrejant la realitat am la llegenda, em va fer creure que erem bèns i que ls llops venien a escandallar un de nosaltres pera emportar-sel a la cova.

Una veu va cridar de la porta estant:

—Que surti en Pere Corominas.

—Soc jo.

—Segueixi.—

Entremig de soldats me van aconduir fins a davant del jutge, ont hi vaig trobar un home amb un blau a la cara i tot de crostes sanguinoses a les munyeques i als llavis. Jo sé que m'acusava falsament, però no men recordo gaire, perquè l meu cap, envolcat per la llegenda, no més pensava en l'enginy dels llops de la montanya maleïda que sabien engegar germans contra germans am furienta follia.

LA MEVA COMPANYA

LA MEVA COMPANYA

QUE pocs dies no l'he tinguda am mi, la meva companya de captiveri, allí dalt al Castell!
Que us digui com va? Qui ho sap com és, com va vestida? Això deu esser segons am qui festeja. Els uns la veuen venir negada de llum com a la Verge l'amat que ha de gaudir-ne; altres la deuen rebre com a germana que ls porta un consol; jo sempre l'he vista igual, fastigosa i esparracada, les esmunyides mamelles penjant del pit, escanyolida.

A troços, a troços la duia damunt del çor, caminant al costat o bé dintre de l'ànima. «Vés-ten. Per què no ten vas?—li deia.—Jo vui anar tot sol.» I aleshores se m'acostava més volent-me festejar, allargava ls seus braços cap a mi i, per més que volgués apartar-men, la sentia que m'ofegava d'engunia. D'engunia, d'engunia! No vol dir res això, no sé com dir-ho, i vosaltres mai ho sabreu els que no l'heu rebut aquest abraç en la vostra jovenesa al temps que la sava rebóta més valenta a dintre del cor.

Quan als dies de sol la meva fosca companya s'amagava, retuda per un esplet de llum, me sentia el pit més fort pera respirar am coratge, m'esterrejava en aquell ambient suau i falaguer, i tot jo semblava com si posseís una sensibilitat nova i refinada. Les meves illusions més belles, les ansies d'estimar i d'esser estimat per una dòna, les esperances de l'avenir, tot tornava. Si jeia al llit, amanyagava l meu còs, com se fa, 'perquè no plorin, amb els nens malalts; una alègria inconscient perfumava la meva ànima, i am tots els meus sentits me delitava en un goig que no havia provat mai: el goig de viure no més pera viure.

Però després tornava Ella, i les illusions i les ansies d'estimar i les esperances de l'avenir se n'anaven, i jo m quedava patint d'engunia com abans, amb el corcó d'aquella veu mossegaire. Jo prou volia aixordar-la amb els meus crits, empaitar-la amb el record de les alegries d'un altre temps: ella se m'acostava a poc a poc, sense fer soroll, i jo tot ho tornava a veure negre. La fosca companya, com obsessió paroxista, me clavava les ungles al cervell, i allí s quedava.

Que pocs dies no l'he tinguda am mi, la meva companya de captiveri, allí dalt del Castell! Si voleu saber com és, repasseu els somnis, si alguna vegada heu dormit am la mà damunt del cor. Acluqueu els ulls i seguiu-me. Ja estem a sobre l llit.

La cambra de sobte s'illumina d'una claror ro-
genca, d'una claror de sang. Per l'aire va prenent
forma humana tota l'angoixa del nostre cor oprimit
i veiem un gegant que no té sexe acostar-sens sense
fer soroll, a poc a poc, am la mà dreta armada
d'un punyal molt llarg. Volem fugir i les cames no
obeeixen a la voluntat; provem de cridar i la veu
ens falla. I el gegant va acostant-se.

La meva companya és l'espectre d'un somni de
mig any que m'ha seguit despert en el meu cap-
tiveri.

Amb ella he fet més d'un viatge imaginari, unes
vegades començat per mi, que volia desfer-me
de la meva companya, i altres arrossegat per ella,
que semblava coneixedora del meu destí. Jo la
veia am plaer afadigar-se quan me seguia en els
meus somnis de llibertat, i més d'un cop al mig
del meu desvari, encès pel foc d'una illusió messia-
nica, vaig veure-la embellir-se tot de sobte allar-
gant-me un calzer de redempció.

Però una vegada sí que la vaig veure més fas-
tigosa i esparracada que mai, ensenyant-me les
cuixes de pell i òs tot caminant a davant meu. El
seu pas era ferm, i jo la seguia abatut, sense saber
a ont anava. I al cap-d'avall d'una molt llarga ca-
minada m vaig trobar abaix d'un pou fondo, molt
fondo, i gran, molt gran. Quatre montanyes me
voltaven, tallades a plom. L'alçada del meu còs
boi no s coneixia, i el mirar cap amunt feia feresa.
Allà dalt ont els homes hi veuen el blau del cel no

més hi descobria una gran claror, i tot me queia a sobre am l'aplanadora suggestió de la Natura quan parla amb aquella grandesa i soletat.

No sé què m va passar: no més recordo que la meva companya era més gran que jo, que omplia l'espai, negre com ella, i jo la sentia a sobre l meu pit i agarrotant-me l coll pera escanyar-me. Una mà llarga i freda m'aixugava la suor del front, i jo cridava amb un clam de mort i els meus ja no m sentien.

I la meva fosca companya de captiveri encara va seguir-me molt de temps.

Castell de Montjuic, Febrer 1897

LES NITS PATIBULARIÈS

LES NITS PATIBULARIES

El pres remenava les anques descompassada-
ment, un altre am la candela a la mà anava pera.
encendre-li l paper que li queia esquena avall, i els
demés, ajeguts per terra o estiragassats per damunt
de les marfegues i de les posts de fusta, sermona-
ven languidament la grotesca cançó:

Jo te l'encendré,
el tio-tio fresco.....

Qui ns hagués vist aleshores, mig despu-
llats i embrutits per les reixes que no tancaven! A
les portes de les presons el pres s'hi descarrega de
la dignitat humana: el bo s'hi fa dolent, el treballa-
dor s'hi torna taul, l'honrat hi aprèn de lladre, el
lladre hi ve assassí, i l'assassí s'hi converteix en
bestia. Que pocs ne surten tal com hi devien entrar!
L'obra justiciera de les presons és una mentida.

Feia pocs mesos que hi erem i ja parlavem de

6

la *noria* del pati gran, dels peces i podallots, de les costums d'aquelles isles del mal. La vida en el presiri era l'esperança més dolça que teniem, i a copia de parlar-ne la trobavem que era més bona que no pas la mort. Mai vaig voler morir: el pensament de suicidar-me no m va passar pel cap, i com més patia més ganes tenia de viure força i m'arrapava com una llagasta a l'esperança d'una llibertat llunyana.

Per això començaven a distreure-ns aquells jocs de presiri; i cap al tard, passada l'hora de menjar el ranxo, esvaïem els pensaments tristos explicant coses de la presó els que hi havien estat i ensajant diversions patibularies pera acostumar-nos a la vida ronyosa que ns esperava. Allí van contar-me l'historia del lladre convertit a les idees noves, posant tota la morbositat de la seva ànima en l'amor d'illusions malaltes i en la revolta contra la llei: ell havia moralisat una mica les costums del Pati de la Gardunya, i ara ja ls que entraven de nou no pagaven el tribut de la manta.

Doncs aquella nit el pres anava remenant les anques perquè no li encenguessim el *tio fresco*: havia sentit a dir que en els presiris el paperot se clava en l'unic recó que hi ha pera posar papers en les anques de l'home, i que l presidari, nu de pèl a pèl, contorsionava l seu cos desvergonyidament mentres els altres cantaven; però allí encara no haviem progressat tant i el paper voleiava penjat a la cintura d'un pres que no s'havia tret gens de roba.

De sobte semblava que la candela anava a calar

foc al paperot, la cançó s'animava, el pres del *tio fresco,* que ns ho coneixia, feia una girada de cul llesta i dislocada, seguida de rialles i crits d'admiració, i altre cop les veus tornaven a arrossegar-se languidament sota la volta del calaboç inflada de tenebres. Parant-se en sec, el pres va arrencar-se l paperot, furiós de sentir-se pessigat per l'engunia de sempre en el pic de la broma, i sen va anar a jeure en el recó ont hi tenia l llit, vençut per la tristesa.

I, com si no sabessim lo que tenia, vam celebrar el triomf d'aquelles anques invencibles am picaments de mans, fins que l pobre ense de l'espelma, ferit de generosa emulació, va lligar-se a la cintura l *tio fresco,* decidit a vendre cara la victoria. La grotesca cançó ressonava tremenda i animada, el pres abans vençut voleiava les anques poderoses sense gracia; però, ja arriats a reventar-ho tot pera riure força, no vam dar el crit d'alarma quan el nou xamuscaire, agarrant el paper amb una mà, va calar-hi foc ilegalment; i tot van esser rialles escandaloses al veure que, acabat ja de cremar el *tio fresco,* el pobre ense vençut seguia grotescament remenant el fil socarrimat que li penjava de la cintura.

*
* *

Les nits patibularies venien molts dies després de les impressions desesperades. Mentres era tendra la ferida, l'ànima s reblincava furiosa, lluitava heroicament am la desesperança. Vénen aquelles vetlles passades caminant amunt i avall de la celda com una bestia acorralada, explicant an els meus companys que jo era més de planyer perquè hi tenia més feina que fer en el món. L'egoisme m retorcia l cor i ni pensava amb els de casa que ploraven per mi, rumiant l'idea de la mort i cridant les esperances d'estimar, les obres que volia escriure...

Un centinella que ns mirava amb aire de compassió va dir-nos un dia que a l'endemà passat havien de fusellar dèu presos. I, sense pensar que encara no havia arribat l'hora, tots varem córrer a preguntar-li ls noms: voliem saber quins de nosaltres aniriem al fosso. Un oficial li havia dit això, però dels noms no n sabia res. Les nostres families ens escrivien cartes desesperades i el cantiner feia córrer la veu de que pel 20 de Novembre tot s'hauria acabat.

I allò no eren nits de presiri, sinó d'infern. Contavem els dies, les hores i els minuts que ns quedaven de vida, i un desig d'allargar-la després de la mort ens exaltava. De sobte s deixondaven en el cervell sentiments adormits, resurgia en nosaltres una reminiscencia de les religions mortes, una aspiració a la perpetuació de la forma, a l'immortalitat de l'ànima, protesta inconscient de la vida contra l no-res de la mort. Encara ha de neixer l'home que senti i comprengui l'idea de la mort en tota la seva amplitut. La vida no pot entendre l'anihilació.

L'amputació brutal de l'avenir no encaixava en l'esperit i es rompia en una activitat paroxista encaminada a compendiar la vida pera gaudir-la millor. Viure un dia per cada hora i deixar ròssec després de morts: això voliem. Els uns pensaven en les darreres paraules que dirien i que quedarien pera sempre en els diaris; els altres escrivien en les parets tot de pensaments revolucionaris; qui explicava la seva historia per si un de nosaltres n'escapava i la podia immortalisar; qui ensajava fatidicament el gesto de quan cauria en el fosso; i jo rumiava un llibre titolat *Els darrers dies de la meva vida,* ont imaginava abocar-hi totes les idees, tots els projectes d'obres, historietes, noveles, drames i filosofies, testament caotic del meu *jo* escrit am l'obsessió de la mort a dins de l'ànima.

Després, quan el Consell de Guerra s'acostava i les esperances inconscients del nostre esperit eren esvaides per la realitat, una nit que no podia dormir vaig coneixer l'appel al miracle; estat d'ànima que neix en el paroxisme de la desesperança, quan no queda en l'imaginació exaltada rastre de remei ni de consol. La vetlla aleshores sembla un somni, a dins del cap s'hi succeeixen macabricament les més fantastiques combinacions. La fugida a la matinada, afavorida per un oficial que m'acompanyava fins a França; la salvació per la revolta del poble, en que abraçava an el meu germà entre l

soroll de la batalla; i fins la compra dels soldats
que m'havien de fusellar sense bala, i enterrar-me
amb els altres morts, tancat dins de la caixa fins a
la nit, que m vindrien a buscar... Valenta imagi-
nació, que no t rendies davant de la realitat aclapa-
radora, i com vares lluitar pera trobar-me un consol
més encara!

Aquelles no eren nits patibularies, sinó nits
d'infern. Molts dies després de les impressions
desesperades, quan l'ànima s'esmossava en el dolor,
venien les vetlles d'embrutiment, en que l'esperit
gaudia remenant la ronya dels presiris, ensajant
els jocs patibularis amb una fruició imbecil.

*
* *

Era l'espectacle de sempre: la llum de la llan-
tia escampava per les parets una claror pobra;
encara faltava aprop d'una hora pera tocar a retreta,
i ja feia estona que havien passat el ranxo i el can-
tiner havia recullit les taces del calaboç. A terra hi
havia quedat un plat sense rentar, a damunt d'una
marfega hi dormia un dels que ja estaven condem-
nats a mort, roncant acompassadament, i els altros,
apilotats en el recó d'una llar apagada, i asseguts
de qualsevol manera, parlavem de la vida de
presiri.

Cap de nosaltres hi havia estat mai, però a la
presó s'hi aprenen moltes coses i tots en sabiem

prou pera fer-hi basa. Quin tip de riure que ns hi vam fer am la gatada d'aquell que va contar-nos la cerimonia d'encendre 1 pet! Parlava d'una petita flamarada, com una llengua de foc blau que s'encén amb un misto. Voleu una escena més grotesca? Un pres ajupit calces avall dalt d'un banc tot escoltant amb ansia les peripecies del seu còs pera donar a temps el crit d'alarma, tres o quatre bútxares am mistos encesos a la mà mirant hipnotisats el forat del misteri, i tota una colla de presidaris al voltant aguantant-se 1 riure pera no destorbar el gran etzigori.

Ens havien posat un ble molt escarrancit i el llum anava apagant-se a poc a poc, fins que, tot fent un estornut, sens va morir. La ruentor del muquís llençava una claror roja i somorta que donava a l'escena un aspecte misteriosament patibulari. No sé com va esser, devien encendre algun cigarro, però 1 cas és que un company nostre va veure venir pel corredor de fòra un escarbat.

Un dels presos que jeia per terra va estirar el braç pera agafar-lo. Els altres, mig endormiscats, dirigiem silenciosament la mirada imbecil cap al costat on s'havia remenat algú. De les voltes inflades de tenebres queia un ensopiment aclaparador, i per la finestra oberta que donava al mar entrava una claror somorta de celistia que evocava linies misterioses en la fosquedat de la celda patibularia.

I l'escarbat va començar a corre amb un misto encès clavat al cul. La fastigosa bestiola fugia esve-

rada d'aquella llum obsedant que la perseguia:
anava senyalant a terra una espiral de curves cada
vegada més estretes, perquè més torcia de camí com
més aprop sentia la perfidiosa flamarada, i nosaltres
rèiem estupidament i trobavem que era molt diver-
tit de veure les contorsions de la pobra bestia fugint
d'un perill que l'empaitava.

Era que ns agradava veure sofrir? Trobavem
pot-ser en aquell martiri una revenja inexplicable de
les nostres penes? O és que començavem a disfru-
tar les joies miserables dels presiris, on l'home s
veu privat de les alegries més pures? Qui sap!
Però l cas és que rèiem, que buscavem més escar-
bats pera fer-hi broma.

Que trista és la vida de la presó! Encara nosal-
tres, de la finestra estant, vèiem el mar, però ja feia
dies que no haviem vist la forma d'una dòna. Els
pares i els germans, qui sap ont eren, lluny de nos-
altres tot-hom que ns estimava. A la celda bruta
del pobre pres no s'hi disfruta l'espectacle amansi-
dor de la Natura; el tracte dels homes lliures hi és
privat. Així d'un dia a l'altre l'home criat en la
vida assoleiada del món se troba orfe d'amor i de
bellesa, i, acostumat a les alegries i dolors de la
llibertat, entre les quatre parets ronegues i humides
de la celda busca neguitosament els plaers cruels o
repugnants que l trasbalcen am l'agre-dolç d'un
barbarisme embrutidor.

L'escarbat corria bojament, sentint-se cremar
per l'escalfor del misto que s'acabava. En la fosque-

dat de la celda les ombres misterioses se varen re-
menar somogudes per un mateix envit de genero-
sa commiseració. Les gorges, ronques de tant callar,
varen maleir l'implacable martiri: «Apaga-l!». «Mira
que s crema, pobra bestia!» «Si t'ho fessin a tu...»
Una bufada va apagar la punta de misto que que-
dava i l'escarbat va salvar-se en les tenebres. Ja no
teniem ganes de buscar-ne més, i, avergonyits de
les rialles mortes, varem quedar en silenci tot lo
que restava de la vetlla, amortallats per la trista llum
de la celistia que entrava per la reixa de la celda.

Aquelles són les hores que fan més por, quan la
ronya vergonyosa dels presiris us arna l'ànima can-
çada de lluitar. Jo que n'estava tant gelós del boci
de puresa salvada encara de les unglades del dolor!
El cor se m negava d'una pena mortal pensant que
d'una nit vindria l'altra, que tots els bons sentiments
sentirien la bravada de les presons i que temps a
venir m'entregaria lligat de mans i peus, sense esma
pera defensar l'ànima del mal... i que seria un dolent.

Oh nits patibularies, les més tristes pot-ser del
captiveri! Al mig de la grandiosa plana assoleiada
el vostre record m'ha devallat a la memoria i com
mai he trobat hermosa la Natura i santa la Lliber-
tat. I en l'extasi de l'ànima redimida he plorat les
engunies dels pobres presos i he adorat de genolls
l'immensitat de la volta tremolosa de llum i he
besat la terra descoberta panxeganta de vida en la
mig-diada d'istiu.

Torroella de Fluvià, Agost 1898

LA MARXA DEL BATALLÓ

LA MARXA DEL BATALLÓ

Adavant mateix de la nostra celda ls soldats s'afileraven a poc a poc. Anaven a deixar el castell de trista llegenda i es coneixia que estaven alegres; però ells no ns ho volien dir, pobres xicots, perquè sabien l'orfandat en que quedavem. Trenta dies feia que ls coneixiem i els estimavem com germans. Aquell era l batalló dels bons soldats, els que havien portat a la nostra celda les rialles consoladores del seu bon cor.

Pel forat de la porta ns en despediem tristament. Aquest ens havia dut diaris cada dia, aquell ens va portar una carta del meu germà, aquest altre ns duia recados de les nostres families i va fer un petó a la filleta d'un company; ara n passa un que va dur un troç de carn que li havia donat la pobra mare; aquell de l'altra companyia va guiarme l'aigua del pou perquè no m mullés. Tots ens havien aconsolat una hora o altra, de tots ells guardavem dolços records.

Adéu-siau, soldats! Que sigueu ben feliços! Adéu-siau! Els condemnats a mort us saluden. Nosaltres abans d'un més hem de morir i no tindrem temps d'agrair força la bondat que teniu; però en la nostra celda s'hi estima intensament. Vosaltres els que deixeu aqueixa fortalesa sense un remordiment, sigueu bons sempre com fins ara, que no us emmetzini l cor l'arma cruel que han posat en els vostres braços. Mireu que l vestit és molt llampant, que l'eina és molt lluenta: vetlleu de nit i dia pera la bondat de la vostra ànima. La columna arrenca d'un plegat cap a la plaça i nosaltres treiem les mans tremoloses pel trau de la porta. Adéu-siau, soldats! Que sigueu ben feliços! Adéu-siau, pera sempre!

Una gran tristesa ns va caure damunt del cor. No pensava que s pogués estimar tant al cap d'un més, i amb els altres companys, tant apesarats com jo, miravem d'explicar-nos aquest misteri rumiant la llibertat i l'amor que perdiem. Mentres hi eren aquells que ns estimaven, la presó no era res: a la nostra celda hi entraven tot sovint pera animar-nos i tot s'omplia de la seva bondat. Sense adonarnos-en ens haviem acostumat an aquell captiveri que no ho semblava. I, ara, al veure que l batalló marxava, al rumiar que les portes tornarien a esser vigilades per estranys, coneixiem el gran amor que anavem a perdre i l'anyoravem. Per això deuen esser tristes les presons, perquè l'amor no hi és. Pot-ser tot lo que hi ha de veritable en la llibertat neix en l'amor, perquè allà on t'estimen, sempre hi seras lliure, i allà on ningú t'ama, sempre hi viuras esclau.

Aquell matí tot era remenament de soldats que passaven carregats de caixes, matelaços, marfegues i ferros de llits, fins que cap al mig-dia, amanits pera la marxa, varen formar-se tots a la Plaça d'Armes pera rebre brugidosament an els que pujaven. I cada soroll de carros o remenadiça de soldats, cada cop de trompeta ns traspassava l cor. Va venir a despedir-se l'home més estimat del batalló, i tots vam abraçar-lo desesperadament, i fins alguns vaig veure que l petonejaven. Ell reculava trastornat, animant-nos am veu tremolosa, dient que tornaria. Jo no vaig poder més: no podia plorar am singlot de noi; però, arreconat a la meva celda, vaig aixugar-me les llagrimes que m mullaven els ulls.

Després, per la finestra varem sentir pujar montanya amunt el ressò dels tabals i les trompetes del batalló nou: una gent de molt mala anomenada, que donaven un ranxo molt dolent. Quan més falta ns feia algú que ns estimés, venien aquells soldats sorruts, gloriosos del vestit i de l'arma que portaven. Per això aquell tro metalic ressonava en la nostra celda d'una manera cruel; per això la seva entrada triomfal a la Plaça d'Armes ens donava la sensació d'una fatalitat irreparable. La Força pesada i musculosa avançava xaparra tot masegant amb els peus la ròssa humana.

Les espases i les baionetes relluïen amb el sol

del mig-dia: la nova columna s'esmunyia per l'entrada gran del castell, i els soldats, afadigats i polsosos, se redressaven amb orgull al passar davant de les files del batalló que esperava l'hora de marxar. Les trompetes i els tabals de les dugues columnes se saludaven altivament, aixordant l'espai amb el terratremol de les barbres tonades; i allà, entre mig de la tropa afilerada, les banderes s'acataven airoses, fuetejant an els que les duien am frisances de gloria.

Jo t'avorreixo am tota l'ànima, imatge llampanta d'inhumana abstracció! Tu envolques la realitat am boires fumejants de sang, tu esborres l'amor de germandat del cor de l'home, tu negues am braçats de llum els crims de la batalla! Per tu sembla heroe l'assassí, tu sola pots fer de l'home bo un animal de presa. Ets la més sanguinaria de les mentides cruels! Del fons estant de la celda patibularia, les victimes de la Justicia t'avorreixen!

A la porta ns hi van posar una altra centinella que ns mirava pel trau am repugnancia, i al cap d'una estona va entrar la guardia a passar llista pera fer entrega dels presos al batalló nou. Els què se n'anaven van despedir-se desitjant-nos una bona sort, i aixi que la porta va esser tancada vam posarnos a parlar de la fredor dels que venien i del trastorn dels que marxaven. Ja s'havien ben acabat pera nosaltres aquelles hores de llibertat passades en el trau de la porta conversant amb els que ns duien menjar de casa. Aleshores tots els de la meva celda

estavem convençuts de que ns matarien, i feia
molta pena pensar que a l'acostar-se l'hora de
morir no sentiriem a la vora nostra una veu amiga,
voltats de gent estranya, indiferent a les nostres
penes.

Teniem la mania de voler-ho saber dos dies
abans quan ens posarien en capella. Aixi, tots ple-
gats, ens costaria menos despedir-nos de la vida,
esbravariem a soles la nostra pena, repassariem am
les llagrimes als ulls la memoria dels nostres esti-
mats, cremariem en el mateix foc les illusions
darreres i arribariem a l'ultim dia de la vida freds
com la mort que ns esperava, avergonyint am la
nostra indiferencia als fanatics de la caritat que sa-
boregen el martiri dels morts en vida am l'excusa
cruel d'aconsolar-los. I, ara, qui ns ho dirà, si ns
treuen del costat a tots els que ns estimen?

El company que vigilava an el trau de la porta
va dir que ls nostres amics anaven a marxar. Tots
hi vam corre pera veure-ls una altra vegada. Ales-
hores sens va acostar corrents un que ja sens ha-
via despedit dos cops i va dir-nos que no passessim
ansia, que quan fes falta ell pujaria. Les nostres
mans van abocar-se a la finestreta am l'ira santa de
no poder abraçar a l'amic de l'ànima, i ell, afectat
del nostre sentiment, va encaixar am tots a corre-
cuita i va entornar-sen girant la vista greujosament
cap a nosaltres. Pel trau de la porta un feix de
mans desesperades el despedien, com en el *Purga-
tori* del Dant els desterrats del cel allarguen els bra-

7

ços als que passen, cridant: « Pregueu per mi,
pregueu per mi! ».

L'espinguet aspre de les trompetes torna a res-
sonar. Ja sen van. Adéu-siau pera sempre, ànimes
pures que us heu compadit de les nostres penes!
Ells també porten la bandera que han tingut arre-
conada tot el més. Torneu-la a desar aviat, si voleu
esser bons. Ja surten per la porta de la Plaça d'Ar-
mes, i tots correm a la finestra del darrera pera
veure-ls passar treient enfòra un petit mirall... Que
tingueu bona sort, fills de· la bona mare! Que
sigueu més feliços que nosaltres! Marxeu airosos
d'alegria de cor, coronats de llum pel sol del mig-
dia! Adéu-siau, germans, adéu-siau pera sempre!
Avui mateix vos trobaran d'anyor els pobres
presos...

Ja ha passat l'ultim, i el sò amic de les trompe-
tes se va allunyant, perdent-se darrera de les mura-
lles, i nosaltres restem allí, dalitosos de sentir-lo
més encara.

El cantiner va portar el menjar: ningú va
tocar-lo.

Torroella de Fluvià, Juliol 1898

LES FURIES DE L'INSTINT

LES FURIES DE L'INSTINT

Tots hi hauriem de devallar un cop a la vida en els fondos soterranis de l'ànima, on no hi arriba la llum de la conciencia. A baix de tot s'hi arrosseguen ensopides les Furies de l'Instint entortolligades unes amb altres en les tenebres solcades per ulls que treuen foc. L'orgull de la virtut s'esvairia en els cors verges i els homes apendrien a estimar an els dolents, an els pobres vençuts que no tenen prou amor pera redimir-se.

Jo m trobava mort de tristesa en un calaboç fosc al mig del dia. Els muscles del meu còs no responien a la fuetada nerviosa del pensament l'ànima se m'embrutia, aclaparada pel dolor. Estant aixís va presentar-sem una figura llarga i seca, com d'una dòna sense pits, vestida d'una tunica llisa, de cap color, escabellada fastigosament, plena de tinya. La cara flaca i esgrogueida de la barba punxaguda fins als pomuls, s'ensorrava en les orbites, d'un color morat; els ulls eren grossos i negres, estranyament lubrificats i fosforescents; els llavis, marcits i arremangats per una queixa eterna. En els dos braços nusos no més hi havia la pell i l'òs; les mans, descarnades també, reganyaven uns dits que estrenyien com unes estenalles.

Cançat de tant patir, no m vaig remenar gens pera apartar-men. Implacable i tragica, la visió va agafar-me, i una veu metalica va mormolar: «Vine». Marxava entressonyat i estabornit per les tenebres: la meva guia allargava endavant un tió encès, boi sense flama, que enrogia esmortuidament la fosca ruta. Sobtadament vam començar a baixar per una escala humida i relliscosa, i cada graó m costava moltes llagrimes. Una pena mortal me pesava damunt del cor, i avançava lentament el peu, tremolant pel nou dolor que anava a sofrir.

Un vent fred que pujava de les fondaries tenebroses engrandia la flama del tió, i a poc a poc un soroll estrany va arribar fins a mi com el fregadiç de moltes serps que s'entortolliguessin suaument. El còs se m'esborronava de terror, i per sota la pell me corria una suor glaçada; però la meva ànima, avorrida de sofrir, se deixava arrossegar sense oposar-s'hi.

Mentres tant la claror rogenca creixia fuetejada pel vent i obria en l'espai infinit una ferida sagnanta. Jo no més feia que plorar, amb una pena que m'ofegava. «Tu que m portes an aquests llocs de dolor, deixa-m reposar, mira que m moro.» L'ombra, implacable, estrenyia més el meu braç i m'arrossegava cap al fons sense respondre una paraula.

Quan vet-aquí que hi vaig veure remenar-se quelcom, abaix de tot; després la flama m va ajudar a penetrar aquelles tenebres que s movien: eren munts de llimacs, troques de serps boca-badades: un espectacle asquerosament terrible.

Sense forces pera resistir-me a baixar, m'arrepenjava estemordit i greujós cap endarrera, i ara les llagrimes roentes se m'assecaven en la cara, aprop dels ulls, fins que a l'ultim no men van sortir més. Els llimacs i les serps prenien formes estrambotiques i cada cop menys fastigoses: no sé per què m semblava que l cor se m'havia empedreit i que ja no sofriria com abans. Baixavem més depressa i no sentia ganes de reposar.

La claror s'anava fent més blanca, com la de les brases que hi ha al mig d'una fornal; els sers fantasiosos que s'emperesien en aquelles fondaries tenien braços i ulls humans, i a cada graó que baixava les seves formes se transfiguraven, acostant-se més i més a la bellesa. I la seca visió que més amunt m'estrenyia l braç pera fer-me seguir, d'en mica en mica va deixar-me anar tot sol, perquè ja no plorava ni sofria i el cor semblava que l tenia mort sense remei. Baixava lentament, no gosant acostar-me massa depressa an aquelles filles del miracle, com si m'apartés am recança de les llagrimes plorades més amunt.

Eren dònes lo que ara veia, dònes despullades que reblincaven voluptuosament el seu còs, tebi de desig. Elles amb elles s'abraçaven sense gelo-

sia, refregant-se la carn, entortolligant-se ls bra-
ços entorn del coll, petonejant-se en la boca i en
els ulls, sense mirar-se aquest mascle que venia. Un
altre temps, quan el cor me rebotia a dins del pit,
m'hi hauria abocat dalitós pera estimar-les; però en
àquell instant, fred com el gebre, m'hi vaig acostar
lentament fins a tocar-les, pera veure si eren fetes
d'ombra o realitat: la seva pell xardorosa no va
temptar-me.

Devien esperar que ls digués alguna cosa, acos-
tumades a seduir per la gracia del còs: no volien
humiliar-se a esser les primeres de parlar. Se revol-
caven sensualment, mirant-me amb ulls enlluer-
nadors. «Qui sou?» els vaig preguntar am veu
tremolosa. I, per resposta, una gran rialla va fer
tremolar la llum del tió flamejant. L'impassible
criatura que m'havia fet baixar fins allí, s'havia
aturat al peu de l'escala: estava quieta, immobil
com una estatua, però dels seus ulls fondos i ne-
gres rajaven llagrimes i més llagrimes, de fil a fil.

—I, tu, qui ets?

—Sóc el Dolor.—

Aquelles dònes s'anaven redressant peresosa-
ment, i els seus còssos, d'una bellesa esplendida i
carnal, prenien tots els gestos magics del desig.
Els seus ulls me miraven amorosits i perfidiosos,
i aquelles mirades voluptuoses se m'enroscaven a
l'ànima com serps que la volguessin estrangular.
Elles bé prou que feien pera excitar-me, a mi que
no n'havia vist mai de tant dalitoses i molçudes;

però jo, que començava a admirar la bellesa de les formes, no podia treure-m del cap el pensament d'aquelles llagrimes que havia deixades més amunt. L'imatge del Dolor plorava immobil.

Com una queixa que s'aixequés de les tenebres, va arribar fins a nosaltres el sò d'una musica suau, d'un ritme ample i encisador. Els còssos van seguir la musica misteriosa, i desseguida m vaig veure voltat de dònes nues que dançaven impudicament am contorsions cruels i temptadores. Tots els estats de la passió més desbocada prenien aires ritmics en aquella dança de bacants, i els extasis del goig sexual reblincaven els muscles, donaven espasmes als pulmons i tremolors a la pell esborronada. I, ertes un moment, com mortes de l'amor que semblaven fruir, quedaven ajaçades, fins que una companya s'ajupia i les redreçava amb un petó.

La vista, cançada de seguir-les, me donava un vertic, una sensació de rodament com si anés a caure. Per què no les podia estimar, si veia que eren belles? Per què no m podia treure del cap el pensament de les llagrimes plorades pel camí? Les balladores s'acostaven, i la seva pell tebia fregava devegades el meu còs. Semblaven germanes totes elles, i no més podia diferenciar-les el seu nom. «Qui sou? Com vos dieu?» els preguntava. Elles no reien ja, però tampoc me responien. Pot-ser si l seu misteri s'esvaís, lliure d'aquest afany de saber, l'ànima meva les podria estimar. «Digueu-me qui sou», vaig preguntar-los altra vegada; i

elles, acostant-se un xic més, van fer-me am veu
candissima: «Estima-ns, de primer».

La musica va acabar-se a poc a poc com si l
vent se l'emportés més lluny en les seves ales. Les
filles del misteri van aferrar-se an el meu còs. Els
ulls d'aquelles dònes me feien por, m'enlluernaven
perquè en ells s'hi abocava una ànima ardenta i
fascinadora; els seus cabells negrissims els queien
sobre l'espatlla i els muscles i els pits com una
pluja de tenebres; els seus llavis, inflats de petons,
me cremaven la pell com brasa viva. Com m'opri-
mien per tot arreu els seus braços carnuts, com
feien contorsionar el meu còs malalt les corredices
dels seus dits! I les mamelles, inflades de sava
malehida, els lloms poderosos que portaven el ger-
me podrit de tots els vicis, les anques esplendides
i amples que feien esperar una maternitat prodiga i
facil, el ventre florit de pubescencies virginals, les
cuixes i les cames i els peus lleugerissims, tot en
aquells còssos realisava un ideal sublim de bellesa
satanica. «Digueu-me qui sou,—preguntava jo deli-
rant;—digueu-m'ho.» I aquelles flors del mal me
responien am veu baixa, folles del sacrilec desig:
«Toca-ns, estima-ns: ja t'ho direm després».

L'ànima sem cargolava en el paroxisme del mis-
teri que no podia rompre i explicar. Sentia que la
carn se deixondava, que a dins del pit el cor venia
a nova vida, que una estona després aquelles dònes
tindrien el meu còs, i abans d'abandonar-me volia l
triomf de l'esperit, volia saber qui eren les filles

del miracle. No més la mort de la carn podia salvar-me, i la sentia revifar-se lentament. Per davant meu passaven dònes corrents, esvalotades, perseguides pels mascles, que les ajupien més avall en les tenebres. Les joies cruels arrancaven crits çà i enllà, espinguets aixordadors de la victoria. Entortolligades pel meu còs les temptadores, mormolaven: «Toca-ns, estima-ns». Però encara tenia esperit pera contestar: «No vui: dieu-me qui sou, primer».

Aleshores una d'elles va parlar.

—Estima-m, jove humil, estima-m sempre, i en els meus llavis hi xuclaras un elixir diví que redressarà la teva ánima. Quan m'hagis estimat seras com un Déu que no s doblega a davant de ningú, aixecaras la testa indomable enfront del perill, oblidaras la vergonya dels teus pecats. Jo envolcaré amorosament el teu esperit amb un mantell de gloria. Estima-m.—

Les paraules eren belles del tot, però la veu tenia un sò de coure, i l'aristocratica fesomia s'estirava en una mueca freda de despreci. Aquella dòna ofenia l meu amor de la senzillesa, i amb un moviment maquinal del braç vaig apartar-la sense fer-li un petó.

Agenollada en els meus peus, una altra va seguir:

—Aquí en mos braços apendras a estimar-te tu mateix. Jo t redimiré d'estupides follies i et portaré a les terres de joies eternals on se gaudeix la vida sense que ningú pugui robar-te un bri de goig. Soc reina i soc deessa perquè no adoro a cap Déu ni crec a cap dels homes; no més te vui a tu pera aixecar-te sobre un soli i cremar als teus peus l'encens que asseca les llagrimes dels ulls i s'enduu com fumera les engunies del cor. Estima-m. —

I sem cargolava per les cames, s'arrapava a la meva carn febrosament, ofegant aquella veu de vella que tant mal esqueia al seu còs de bacant. Jo m sentia lligat, que m'expremien l'ànima, no deixant-hi ni un rastre d'amor pels demés, i tot revoltat vaig mirar de treure-m aquella Furia.

Aleshores va ressonar a ran dels meus llavis la veu més sensualment dolça que he sentit en ma vida.

—Abraça-m, —deia;—soc eterna; no més vui ensenyar-te l goig de viure, l'art de sentir l'infinit en un sol petó.—I tot dient-m'ho va encendre en els meus llavis la foguerada d'un bés cruelment fascinador.—Sempre seré jove,—va seguir;— Dionisius és el meu pare, i he sigut adorada en els temples altre temps. Soc l'halenada tebia de les arcoves d'amor, l'elixir que van beure Tristany i Isolda, l'ànima mateixa de D. Juan. Pren-me, pren-me, i eternisa l teu goig en els meus braços.—

I ella m'estrenyia contra l seu còs, que tremolava. Ara m veia perdut, mort de desig com una bestia, galvanisat el cor per la fuetada luxuriosa.

Els crits triomfals d'aquelles dònes acabaven d'acovardir-me més: quasi bé sense esma vaig mirar l'imatge del Dolor, que ja no estava immobil i plorava de fil a fil, tremolant com una fulla d'arbre. Uns braços sem van arrepenjar en el muscle dret pera fer-me caure.

—Aquí terra, am nosaltres,—feia aquella dòna de terrible mirada.—Jo esborraré de la teva ànima l record dels dolors i encendré en el teu pit un foc que cremarà totes les penes; jo maleiré als que t'han fet mal; jo...

—No, no t vui, aparta-t,—li vaig dir;—sento unes ungles que m graten el cervell, que se m'emporten el consol del perdó.—

Però una foguerada m cremava l llom i unes mans se m'arrapaven als cabells, fent-me ajeure l cap sobre ls pits d'una dòna que m'estrenyia contra l seu còs.

—Jo sola faig feliç,—cantava;—jo sola soc sagrada en el món. Jo baixo al llit dels que sofreixen i faig llampeguejar en les ànimes dels pobres l'idea redemptora de Justicia. Jo enfonzaré les ungles en les entranyes dels que t'han perdut: en els meus llavis hi beuras la sang dels dolents.—

I per sobre l meu cap se m'acotava i anava a fer-me un bés am la boca babejant de sang. El cor va encabritar-sem de sobte a dins del pit, desvetllat per l'amor que anava a morir-se en la meva ànima, i, fort més que mai, vaig treure-m del damunt les temptadores. «Aparteu-vos de mi, les Furies de l'Instint, que no us estimo».

Tot el meu còs tremolava d'energia i la lluita no podia durar; les meves mans rebotien per terra les dònes sacrilegues, masegant cruelment les carns

luxurioses, els braços carnuts, les mamelles infla-
des de sava maleida. «Aparteu-vos de mi,—crida-
va;—no us estimo». En la lluita, de sobte la llum
me va fallar i el coratge m va creixe en les tenebres.
I així va esser com a les palpentes, i seguit per
l'imatge del Dolor, vaig tornar-men amunt fins
trobar les meves llagrimes. Abaix de tot no se sen-
tia més que l fregadiç de les serps a l'enroscar-se.

La trista imatge del Dolor, afadigada, no anava
prou corrents, i, condolit d'ella, me la vaig endur
a coll. La llum del dia queia sobre l seu front, i
aleshores vaig adonar-me de que ja no duia tinya
en els cabells daurats. La tunica era blanca com la
via lactea d'una nit de primavera. Els ulls negres
i fondos guardaven el ròssec de les llagrimes plo-
rades per mi. Tot el seu còs, d'una blancor de lliri
d'aigua, se mig-fonia en els meus braços. I a l'aca-
bar la caminada, asseguda sobre una pedra l'imatge
santa, vaig adorar-la de genolls.

—Tu sola m'has ensenyat l'amor humà, tu
m'has fet devallar allà on jeuen les Furies de
l'Instint, pera redimir-me. Els meus ulls t'admiren,
els meus llavis te preguen i t'estima l meu cor. Jo
t'am, jo t'am per sempre!—

De les fondaries inconscients jo he vist aquella
on s'arrosseguen els mals instints. Tots hi hauriem
de devallar un cop a la vida. Més, ai! que allà no
més hi arriba la llum de la conciencia quan l'espe-
rit se cargola en el sofriment moral; an els pobres

vençuts la vida els hi arrossega cegament i després
s'hi farregen sense saber-ho. Aquesta llum revela-
dora que s projecta cap a dins de l'ànima és com
un sol naixent que no més illumina ls cims de les
montanyes. Tot lo altre resta entre tenebres, pera
vergonya de la nostra vanitat.

I a vosaltres, els increduls, els faritzeus orgu-
llosos de la vostra virtut, els que creieu en la puresa
de la vostra ànima, a vosaltres us convindria una
hora de sofriments morals ben espantosos pera
apendre a coneixe-us millor. Aixi apendrieu a esti-
mar an els dolents, aixi sabrieu que ls mals instints
hi són: tot lo més que pot fer-se és ofegar-los.

Hendaya, Octubre 1897

DIES DE SOL

DIES DE SOL

ARA que estic alegre i sento com una fuga d'estimar, vui recullir com un pom de flors del captiveri tots els records dels dies de joia benhaurada passats en la celda dels condemnats a mort.

Erem dèu i pera tots demanava l fiscal la mateixa pena: fusellats en el fosso. Malaguanyada carn pera una fi tant desgraciada: si ns haguessiu vist, ben segur que la llastima us hauria trencat el cor de veure-ns tant joves i ferrenys, tant sans i forts en mig de la nostra desgracia, i am més ganes de treballar i de viure...

Perxò, malgrat la raó que teniem d'estar sempre tristos, devegades l'optimisme de la nostra jovenesa desbotava esvalotat i frescal en cascates de rialles i cançons, i empaitades per sobre ls llits amb un enjogaçament de nois que surten d'estudi.

Als primers dies, quan no hi havia res segur, encara feiem una vida mig distreta clapejada d'engunies negres, *els forasters*, que miravem d'esvair a copia de cants i bellugadiça de l'un costat a l'altre; però això no durava, i al cap d'una estona l'optimisme de la nostra joventut sana i forta s'imposava i la calma devallava al cor, retornant-lo com ruixim de rosada. De vegades al mig d'una conversa alegra un de nosaltres se sentia ferit del mal de presó, el cap se li ennegria d'una tristesa depriment i, no podent-ho passar tot sol, sortia amb el trencat d'una pregunta impensada, un dubte que li gastava l cervell com una llima sorda, una reflexió esgarrifosa que no ns-e l'haviem fet encara.

No heu vist res més encomanadiç que l mal de presó: l'alegria se n'anava en un tres i no res, deixant al cor com una mena de rancunia contra aquell que ns-e la robava, i la conversa, de sobte esmortuida, prenia una girada patibularia: parlavem de la vida que hi fariem al presiri, de si al sortir-ne ja seriem vells, de si ja serien morts tots els que ns estimen, o bé un explicava com eren les cadenes que van del peu a la cintura i com les reblen amb un martell, o ns posava pell de gallina parlant de les vares de ferro que porten els presidaris caporals. Si la por era de que ns fusellessin, aleshores ens deiem els menjars que demanariem en capella, de si voldriem veure o no als de casa, de les paraules que diriem a davant del poble quan ens portessin a matar. I la conversa anava minvant somorta, i nosaltres, com estebornits, ens ensorravem lentament en el silenci, escoltant per dintre l soroll del corcó que ns rosegava l'ànima.

D'aqueixes idees nosaltres en deiem *els forasters*, perquè en el pensament encara no s'hi havien arrelat prou que no les en poguessim treure amb una mica de bona voluntat: el perill era lluny, i mentres hi ha vida hi ha esperança. El més decidit donava la veu d'alarma: «Nois, *els forasters*, que vénen». I desseguida la celda retrunyia dels nostres cants descompassats, que duraven fins que quedavem amos de la plaça i que anaven apaibagant de mica en mica: l'estudi o el jòc de dames, marcat en una post de llit, eren l'ultim reparo que buscavem pera acabar d'esvair les males idees. Sí, l'estudi, perquè en aquella celda ningú hi estava en vaga: an els uns els ensenyava jo 1 francès, d'altres aprenien la gramatica castellana, n'hi va haver que hi van apendre de lletra, i lo més divertit era veure un aragonès, molt estalviador, que aprenia de comptes, omplint de numeros les parets. A mí cada dissabte m portaven llibres nous, que corrien de l'una mà a l'altra si eren espanyols, o que jo ls hi traduïa si eren bonics i estaven en francès. Cap a l'ultim ja n'hi havia que s'ho traduïen tots sols.

Però *ls forasters* tornaven, tornaven, i cada vegada ns costava més de treure-ns-els de sobre. Les hores bones eren més clares, perquè s'anava acostant l'acabament de la tragedia i ens trobavem lligats sense poder fer res pera defensar-nos: ni podiem escriure an els de casa quina era la mentida que ns llevaven, perquè no ho deixaven passar. D'afòra no més

ens en venien cartes insustancials o llastimoses que
no ns deien mai res de nou, perquè tampoc això
sens permetia, i així la realitat de la nostra vida
s'anava desfigurant en aquell recó de castell, apa-
redats en la nostra celda, on no hi arribaven ni ls
ecos llunyadans del món que haviem perdut. Una
nit que jo m'estava de nassos al trau de la porta
filustrant si l centinella era un home enraonat, me
recordo ben bé de què l vent que m venia de cara
va portar-me sorda i apagadament les darreres
vibracions d'una campana de la ciutat: eren les
dotze. Un recòrd que mai més oblidaré: va sem-
blar-me que començava a esser lliure, que m tor-
naven lo que m'havien pres, i la meva imaginació
ja n va tenir prou pera anar-sen a casa i projectar
sobre l meu cor tota una historia d'abraçades, de
llagrimes i de petons.

Me penso que tots, pel costum de la vida de
relació, tenim reservada una part de la nostra acti-
vitat intellectual a rebre, encasillar i rumiar les im-
pressions del moviment exterior, i que aquesta part
és fixa. L'home de les grans viles, pera donar
l'abast a les innombrables transformacions del medi
ambient que reboten sobre les plaques dels seus
sentits, no té més remei que fer una tria, restant
inconscient davant de les més banals i grosseres, i
deixant-se ferir solament per les més espirituals i
refinades; el pagès que viu en el recilliment del
seu poblet, d'aquella vida social atenuada, en recull
i guarda totes les sensacions, engrandint-les fins a

tant que la seva capacitat és satisfeta; i el pres que s troba tancat en una celda, sense diaris, sense noves, lluny del moviment, orfe de tota relació humana, llevat del tracte amb els seus companys i la vista dels que l vigilen, acaba pera deixar-se arrossegar cap a una vida de miseries, aconsolant el seu afany en la perfidiosa interpretació de les coses més petites i estargint per la contemplació obsedant dels moviments de l'ànima l trasbalç de l'ambient social que troba a faltar.

De vegades l'home de ciutat busca repòs en algun recó de món i descança la pensa per molts dies lluny del medi marejador; però aviat sent que li manca alguna cosa, i, si no és prou gran pera viure en la contemplació de sí mateix, té de fugir del món de miseries, que temps a venir l'embrutiria; el pagès trasplantat a una gran vila sent que l cap se li n va perquè no pot aconseguir la cavalcada boja de coses petites que passen pel seu davant, i el pobre pres troba d'anyor la lluita aixordadora del gran món i viu en la violencia de no poder-hi tornar. Per això no té res d'estrany que allà dins els més bons perdin la serenitat, perquè l neguit els té sempre trontollats i una mirada indiferenta pot esser un insult, i la més petita murmuració una punyalada a l'amor propri.

Així anavem passant lentament el carrer de l'Amargor, am la creencia de que, bones o males, les noves de l'avenir arribarien aviat i acabaria en poc temps la nostra pena, perquè malaventurats de nosaltres que al començament haguessim tingut conciencia de la llarga passió que ns esperava, puix que aleshores en tot l'optimisme de la nostra joventut potser no hi hauriem trobat energies pera tirar endavant am la creu a sobre, tant pesada. El procés s'allargava cada dia i el nostre martiri no s'acabava mai.

Les hores d'alegria encara abundaven, perxò, i no són aquelles les que més ens van fer disfrutar : van venir després les joies immortals. Com més ens acostavem a l'acabament, més creixia la nostra frisança pera arribar-hi, i, encara que fos molta la por de la mort, hauriem volgut que ns haguessin desenganyat desseguida. Cap a l'ultim, una tarda, a l'hora de sopar, sens en van endur un dels companys després de molts dies de no dir-nos res: el ranxo era molt bo, però tot-hom sel va menjar de mala gana. Quan una colla de soldats ens van tornar el pres, tots ens-e li vam tirar a sobre pera preguntar-li què hi havia.

—Nois, estem perduts,—ens va dir rebotent el barret contra una marfega.

I va durar més d'un quart que no li podiem arrencar sinó exclamacions de que era ignocent, de que era una mentida que li llevaven, i una farça cruel l'acusació que li feien. Al cap-d'avall vam saber que l'havien fet magatzemista de males eines, i, encara que allò ns robava l'esperança de que la veritat traspués i de que sens deixés anar per ignocents, com que allò a nosaltres no ns feia cap mal, va esser com si ns traguessin un pes de sobre, perquè l'entrada del nostre company ens havia fet entrar la por d'alguna cosa que ns ensorrés a tots. El pobre noi sen va anar a plorar sobre la marfega del seu llit, i, encara que vam mirar de consolar-lo, sens devia coneixer el nostre retorn. I és que aquest egoisme cruel de les presons fins els més bons el senten, encara que l'amagin com una vergonya.

A l'ultim ens ho van dir ben clar què n volien fer de nosaltres: ens van posar tots dèu en la llista dels *autors* del delicte, i el Fiscal demanava que ns fusellessin. Sortiem del calaboç voltats de baionetes i entravem en un quartet emblanquinat tot ple de processats, militars i algun que altre *matalacer*. Te llegien tot lo que hi havia contra tu, te feien dir les proves que tenies de la teva ignocencia, i, després d'haver-les rebutjat quasi bé totes, sempre am la mateixa cançó de que la llei no ho permetia, cap al calaboç falta gent. L'aire de formalitat de la cerimonia t feia compendre que la cosa anava de debò, el rebutjament implacable de les proves te desesperava am l'impossibilitat de defendre la vida que t'arrencaven, i la pressa am que s'enllestia tot acabava d'ensorrar-te am la tragica evocació de les darreres hores que s'acostaven.

D'aquell dia ençà, en la nostra celda ningú va voler apendre res més, i aquelles matinades venturoses passades en l'inconsciencia del perill, entregats els uns a la joia d'apendre i els altres a l'aconsoladora obra d'ensenyar an els que no saben,

varen anar-sen pera no tornar, deixant darrera seu
el record de les planes calitjoses pel pobre cego que
no ha de veure més la llum. Vaig enviar a casa ls
llibres, que ns feien molta pena. Què n trèiem de
llegir, d'estudiar, si tot era inutil, si al cap de pocs
dies ens havien de matar? El còs s'emperesia, s'arros-
segava pels llits languidament, les nits eren llargues
i tormentoses, fuetejades de cruels somnis de lliber-
tat retrobada, i a l'esser de dia era espantós veure-ns
arreconats, cadascú ajaçat en el seu llit, o marxant
com estabornits en el silenci de la celda, que ja no
retrunyia dels nostres cants, rumiant sempre l'idea
barbre de la nostra pena, empedreits d'un resseca-
ment d'ànima que no ns deixava pensar més que
en la propria mala ventura.

Veus-aquí on comencen les hores de sol del
captiveri: aquest és el marc dolorós de les joies im-
mortals. En el fondo negre d'aquella nit d'engunies
hi rompia l'alba del dia esplendid, s'hi alçava l'astre
de consol com hostia consagrada duta a la celda dels
condemnats a mort. No més l'evocació dels més
gloriosos despertars de la Naturalesa pot donar idea
de la transfiguració de la nostra ànima en aquelles
hores de ventura. Jo m figuro l gradual retorn a la
vida del Llatzer biblic, alçant-se en la tomba per la
paraula de tot un Déu devallat sobre la terra. Tot
d'un plegat, com per miracle, començava a eman-
cipar-me de la realitat que m'entristia, l'esperança
tornava fresca i dalitosa, com una verge que s'en-
trega, com la rosa que s bada a les caricies del sol;

s'esvaïen i deslliuraven el cor totes les engunies, s'enlluernava l'ànima am cascates de llum immaculada, i, redressat el cos pel despertar de totes les energies, sentia inflamar-sem el pit d'una alegria sempre creixent, fins que esclatava obrint els braços com pera rebre les illusions de vida que venien en el silenci de la celda assoleiada.

* *
*

Quasi bé sempre aquests retorns a la vida eren collectius i venien després d'una gran desesperança. Havia caigut una idea gloriosa en el calaboç, una gota de llum disolta en aquell ambient de sutge, i en el cervell masegat per l'oratge de les engunies desesperades començava a fer-s'hi una calma retornadora. Així, les herbes encara molles de la darrera ruixada s redressen en les planuries tropicals am la xardorosa halenada del sol que s'arroenta en l'esbarjo d'un cel purissim sobtadament despullat de tot llegany de nuvol. Aquelles transfiguracions isolades, després de la genesi individual, harmonisaven devegades en l'esclat d'una cançó boja, i encara més sovint en la conversa sossegada, en una mistica comunió de goig portada als nostres llavis per un Sacrificador invisible.

Passades les primeres hores d'estaborniment, en que la visió de la mort indubitable ofegava la revolta de la vida, no sé qui va tenir l'idea coratjosa de

fer un treball pera ls nostres defensors, un *va-i-tot*
de les infamies que ns carregaven i de les proves
que teniem de la nostra ignocencia. Els morts se
varen deixondar, i, després de fer recapte de paper
i de pendre tanda per les poques plomes que teniem,
vam posar-nos a ex‌premer del cervell les mentides
que ns havien llevat, totes les incongruencies que
sabiem del procés, com sens havia privat de defen-
sar-nos i com estavem nèts de tota taca. Eren car-
tes on la dignitat orgullosa de l'ignocent hi xarbo-
tava per sobre la senzillesa de l'istil, escrites per
homes que s donaven vergonya de plorar la mala-
ventura que ls ensorrava, però que s'enternien fins
a commoure en les poques ratlles que hi pósaven
pera dir que, si no s volia fer per ells de defensar-
los, que ho fessin per les dònes i pels fills, pels vells
de casa, que no hi tenien cap culpa.

Després cada hu va llegir a la colla l seu *va-i-tot,*
i l'aplec de tantes mentides rebatudes, la pluja de
raons pera ofegar-les, l'halè desesperat que en cada
escrit hi pantejava, un clam de justicia que hauria
fet partir les pedres, ens va donar el consol de la
feina feta, el descanç d'haver treballat a l'ultim pera
la salvació de la vida i pel triomf de la veritat. Perquè
boi ningú s defenia tot sol, ningú volia carregar an
els altros el seu pes, ningú s'esgarrifava de les seves
penes, i tot eren gemecs pel mal que en la concien-
cia humana podia deixar-hi la petjada de l'injusticia.

Me recordo que cap a la tarda d'aquell dia va
començar a semblar-me impossible que· la causa

anés endavant, i a poc a poc va guanyar-me l'ànima l'esperança. Estava sol en el meu .quartet, ajaçat sobre la marfegota, fent com si dormís perquè ls altres me deixessin estar i no vinguessin a robar-me aquell somni tant bo. Penseu en un pobre que està tulit de fred al pic de l'hivern sobre la neu aprop del marge d'una carretera i penseu que de sobte l porten a racés en una casa hospitalaria: l'escalfor de la llar li arriba a la pell com un bés de la vida que l'amanyaga. Com se va deixondant tot el seu cos, de primer les mans, després els braços, després la caixa, lentament, lentament! Vosaltres que li heu tornat la vida, deixeu-lo tot sol, deixeu-lo que begui tot d'un glop la copa d'aquest balsem candissim que li heu portat als llavis, no esparvereu l'esbarç de les illusions que tornen, que encara podrà reveure ls paratges ont ha gaudit, que encara podrà abraçar contra l seu pit als que l'estimen. Deixeu-lo estar, que la seva ànima és heroica perquè frueix voluptuosament tot l'optimisme que hi ha en la vida retrobada.

A la celda hi havia una gran quietut, i aixi l dia va anar acabant-se, acabant-se sense que s remenés ningú. An els altres també ls devia passar una ratxa molt bona, perquè, arreconats cadascú en el seu llit, semblava que covessin alguna idea a dins del cervell. Com que no pensavem en el llum, una gran fosquedat ens va caure a sobre. En l'ultim quartet, que donava a la sala, i a mà dreta, va deixondar-s'hi una veu fonda, un xiu-xiu d'iglesia, com evocada d'un altre món. De primer va esser no més com un cop d'ala, després va sentir-se com si dugues ànimes se fessin petons en el silenci. I sembla mentida: aquell murmuri suau augmentava la gran quietut de la celda, dormida en les tenebres.

No se sentia lo que deien els dos presos, ni podia dexifrar-se de qui era la veu tant fonda que parlava; però l xiu-xiu era suau com la pluja menuda que ve a refrescar la terra morta de set. Calleu, sorolls de la nit! Deixeu arribar fins a mi l fressejar dolcissim de la font divinal que s'escola en la planuria! De l'altre costat de la celda, atret pel misteri de la conversa indefinible, un pres va redressar-se i sel va sentir caminar a pas de llop cap al recó d'on venia la veu indexifrable; una estona després vaig aixecar-me sense fer soroll, i a poc a poc m'hi vaig acostar també fins a asseure-m a terra entre ls dos llits; i tots aquells condemnats a mort, llevat del més ferestec, van deixar lentament el llit del dolor i a les palpentes van anar-se acostant entressonyats en la gran quietut de la celda dormida en les tenebres.

Pel vidre trencat de la finestra entrava l baf de la terra congoixosa en aquell vespre de tardor, i la llum de la celistia asserenada, massa esmortuida pera evocar els contorns de les coses, se recullia tota en els ulls del presos apilotats en l'ombra. La conversa va aixamplar-se sense cambiar de motiu, i les veus, sempre fondes, sempre baixes, se succeïen suaument sense rialles ni exclamacions, perquè quan se disfruta molt, com tots disfrutavem, no s'està pera riure ni cridar, de por que l'espinguet d'un soroll massa dur rompi l'encis que envolca l'ànima.

Parlavem de quan erem petits i dels jocs que jugavem aleshores, i, com que tots erem de pobles diferents i ben apartats els uns dels altres, la cosa no s'acabava mai. Jo pensava en la colla del meu carrer i amb els tips de corre que ns hi feiem jugant a *ruma-mi, ruma-mà:* el mocador entortolligat com un fuet, la manera de fer-nos qui seria l rei passant la mà d'un pit a l'altre mentres se diu: «Una plata d'enciam, ben amanida, ben amanida; una plata d'enciam, ben amanida amb oli i sal». Després les paraules consagrades pera començar l'endavinalla: «Un arbre alt com una canal, que fa un fruit com un bescuit, i l'arbre és alt...» I els xaves que rumiaven, rumiaven, fent-se passar el fuet d'una mà a l'altra, fins que un ho havia endavinat i començava l'empaitada, unes vegades pegant: *rumamaaa, rumamaaa,* i altres rebent, *rumami, rumamiii,* vermells com uns perdigots, regalant de suor, fins que l rei, avorrit de quedar-se tot sol, cridava: «ruma-mí, toca-m a mí». L'aragonès va dir que ells també hi jugavan, però que ficaven una pedra en el mocador perquè fes més mal.

Aixi vam explicar-nos els jocs de cada terra: *el Sant Tigre, oh baixa!,* amb allò de *Aont és el rei? —A la pallissa. —Què fà? —Caga i pixa.— Digueu-li que surti. —No vol sortir.* El joc dels muts, amb el:

Demano per parlar. Val? —Val; i allò altre de l'*ofici
de burgès, menjar i beure i no fer res.* I els jocs de
bales, de geps, de *ballant s'inflen*, i una pila d'altres
originalissims del Vallès, de Lleida i de l'Aragó;
memories evocades d'un altre temps feliç, genero-
ses de llealtat i d'ultracuidança del món, en les que
hi entranya l'esperit jerarquic i absolut amorosit per
l'idea d'igualtat que s troba en tots els jocs de nois,
reliquies imaginaries de l'edat més bella, que recor-
daven els paratges ja quasi oblidats, el carrer de la
ciutat vella, la plaça del poble, les eres cobertes de
palla, els camps i les vinyes, les fonts i les montanyes.

Ells contaven les festes dels seus pobles, i a mi
la boca sem fonia tot parlant de les sortiges del
meu carrer. Els dies abans passats fent banderetes i
llargandaixos; la capta al dematí, i a la tarda els
cubells plens d'aigua i fruita; les colles de xavals
que baixaven desbocats en còs de camisa, descalços
i arremangats de braços fins al sotaixella, i es ficaven
de grapes al cubell com si sen volguessin endur
tota la fruita, mentres el *remenador* els feia anar
l'aigua per sobre; aquelles pitrerades de pressecs,
de pères, de pomes i d'abercocs que ls deixaven el
ventre moll pera tot el dia; les caixalades de golafre
que de l'un cubell a l'altre enllestien una poma sense
pelar; totes aquestes visions glorioses de bellesa les
anava contant am veu molt baixa, orgullós d'haver-
les viscudes.

No sé quan va durar la conversa que ns arrui-
xava l cor com d'una mistica alegria i ens transpor-

tava a les regions del goig suprem, perquè amb un minut n'hi ha prou pera arribar-hi, i quan s'hi és l'idea del temps s'esborra en l'ànima. No més me recordo de que cap a l'ultim ja no parlavem tant baix; de que, escorrent-se cap a la realitat present el tema primitiu, vam començar a mirar-la am tot l'optimisme de les visions evocades. N'hi va haver un que va gosar dir am veu natural lo que somniava, i aleshores de l'altre recó de la celda va respondre-li una veu ronca i ressonant: «Ens mataran! Ens mataran!»

Era l pres més ferestec, que s'aixecava a esvair el nostre somni. «Ens mataran! Ens mataran!» cridava. Volia fer-se a l'idea de la mort, mirar-la tu per tu com un fat implacable; volia acostumar-se al pensament de morir tant jove, aixi tot d'un cop, pera no amohinar-nos-hi més; volia morir com un valent i comprenia que l'esperança fa covards als homes. Però s redressava en la revolta de la seva virilitat aixi que sentia les illusions guanyar-li l'ànima. Ja havia caigut una vegada en el desconsol de veure-s perdut per sempre i volia quedar-s'hi pera no haver de tornar-hi a caure altra vegada. L'indecisió fa sofrir més que l mal, i ell avorria l sofriment i preferia creure-s mort sense remei. Pera ell no més hi havia una veritat i la cridava a tota veu: «Ens mataran! Ens mataran!»

Era un home plastic en tot: en la paraula, en el gesto, en el pensament. Amb els braços, am la cara i am tot el còs estargia l'acció que volia explicar, i

9

el seu cervell pensava a cops d'imatges: les seves paraules evocaven sempre alguna cosa. Algú de nosaltres va tenir por i va encendre l llum d'oli. Voliem defensar el nostre somni, i miravem de convençre al ferestec de fer-lo callar; però ell, implacable, feia brunzir en la celda com una fuetada les paraules cruels: «Ens mataran! Ens mataran!».

Encara m sembla veure-l gambar per la celda amunt i avall com una fera engaviada, sort a les nostres queixes, que no s prenia l treball de contestar, orgullós del desconsol que triomfava, de l'espectre de la mort que ns aixecava a davant dels ulls, despreciant amb el silenci ls nostres insults, de nosaltres, dels seus companys, que aleshores l'avorriem perquè ns esvaïa l nostre goig; parant-se d'en tant en tant pera obrir els braços am gesto tragic com si volgués pendre d'un braçat i ensorrar-les en l'ombra les illusions d'esperança. «Ens mataran! Ens mataran!» era l seu crit d'impietat inacabable.

Adéu-siau, hores de joia benhaurada! Adéu-siau altre cop, que ja torno a enfonsar-me en un mar de tristesa i em sento a damunt del cor el pes de l'engunia que m'ofega! L'ànima s perdia enlluernada encara en l'ombra de la mort, sense esperança. M'ajaçava en el llit sense esma pera despullar-me, i d'allí estant sentia una estona encara l caminar rabiós del ferestec que rondinava: «Ens mataran!» Després, complerta l'obra, se n'anava al seu jaç, gelós d'aquell convenciment de morir que no volia que li prenguessim. «Així,—devia pensar,—apla-

nats com jo, trempant l'ànima en l'evocació de les hores que s'acosten». La celda tornava a quedar en la quietut més fonda, i jo m revolcava pel llit sense poder trencar el sòn, tremolant de la nit tormentosa que s'acostava. A l'endemà ja no quedava rastre de aquella mistica alegria que ns havia exaltat i tots dèu presos rumiavem en silenci la nostra malaventura.

Més d'un altre cop ens va passar lo mateix que aquesta primera tarda. Pel treball que fèiem en defensa propria ns animavem i ens escalfavem mutualment; però sempre l mateix company, de vegades ajudat per algun altre que no s'havia pogut exaltar, ens tirava per terra a les poques hores el castell d'illusions aixecat pel nostre optimisme.

*
* *

Un matí va pujar a veure-ns un defensor que era més bo que l pa. Nosaltres l'estimavem molt perquè no feia com molts d'altres que no més miraven per vanitat de treure l pres que defenien, encara que fos ensorrant an els altres. Aquest, no: treballava de bon cor pera salvar an el que la llei li manava que defensés, i, sense mirar si erem ignocents o si no ho erem, se compadia de veure ls nostres sofriments i tant com podia ns consolava; una manera generosa de fer el seu dever: vet-aquí una cosa que l'hauria de glorificar davant dels homes. Doncs no és així, i jo m guardaré prou d'anomenar-lo, perquè no vui que sigui victima dels que, obcecats per la rancunia, l'avorririen perquè no va creure-s que la llei l'obligués a tenir un cor de roca viva.

Doncs un matí va entrar a la nostra celda. A la cara ja ho duia escrit que ns portava una gran alegria, perquè, mireu si n'era de bo, que si alguna vegada pujava al castell am la mala impressió de que ns matarien, venia amb una cara de llastima que ns forçava a posar-nos alegres pera no veure-l patir; però, fillets, si abaix li havien donat bones noticies de que la cosa anava bé, aleshores pujava am quatre gambades al castell i entrava a la celda amarat de suor, i així que ns veia li saltaven els ulls i els llavis se li movien en una mitja rialla mentres l'oficial de torn tancava la porta.

Aquell matí l consol que ns duia era més gran que mai, i, després de parlar una estoneta amb el seu defensat, sens va emportar a tots plegats cap a la finestra com si pensés que a la claror del sol hi escauria millor lo que volia dir-nos. El dia era esplendid i per la finestra de la celda que donava al mar entrava un braçat de sol que era una gloria. No sé com s'ho va fer pera exaltar-nos fins a una esperança sense por, perquè no més me recordo de que les seves paraules, per una estranya suggestió del seu bon cor, s'anaven clavant en el cervell com si s tornessin materia assimilable: d'ençà d'aquell dia són part de la meva ànima, que mai podrà oblidar-les.

Com l'hauriem abraçat tots plegats si no ns en haguessim donat vergonya! «No tingueu por,—va dir-nos;—no n mataran cap de vosaltres: si no ho sabés del cert no us ho diria; ja podeu estar alegres, que no us mataran. Seran tres o quatre ls que aniran al fosso, però cap d'aquí no hi baixarà. Tot lo més, uns quants anys de presiri; però abans d'acabar-los us indultaran. A Madrid no us vol mal ningú, i, pels d'aquí, deixeu que diguin.» I, tot dient-nos això, disfrutava, joiós de recullir d'en tant en tant una mirada d'esperança. Quan ne veia un d'incredul li prenia ls braços i el saccejava, dient-li: «Anem, no sigui així. Miri que ho sé de cert que no n mataran cap d'aquesta celda. Oi que ja m creu? Digui, home: oi que ja m creu?» Després parlava de cartes que s rebien, de lo que deien els diaris, de les promeses fetes per un gran personatge. «A fòra ja ho sap tot-hom,—deia pera acabar;—ja ho sap tot-hom que no n mataran cap de vosaltres».

D'en mica en mica ns anavem acostant fins a tocar-lo, an aquell home que així sabia irradiar de la seva ànima tant gran consol, i ell ens anava parlant a tots, unes paraules a cada hú perquè no n quedés cap sense l pa eucaristic que ns acostava als llavis. A cops d'esperança feia fugir de la nostra celda l'espectre de la mort. Ja no li parlavem am trista desconfiança com al començament, i tot era fer-li preguntes, que ell ens responia joiós de l'alegria que ns acabava de portar. Ens el miravem com el defensor de tots nosaltres, perquè a tot arreu allà on vagi aconsolarà an els que sofreixen. Una vegada mel mirava jo, commòs de veure-l tant alegre, i de sobte ls nostres ulls se van trobar: me va posar les mans a les espatlles i em va dir: «Què mira, què mira? Que no ho vol creure que disfruto de debò?» Incapaç de contestar am paraules, els ulls sem van entelar de llagrimes i vaig estar a punt de saltar-li al coll i de plorar a sobre l seu pit, com si fos el meu pare.

Després sen va anar i tots vam sortir fins a la porta pera estar més estona aprop d'ell. De primer no més parlavem enternits del bon cor que tenia aquell defensor, de l'alegria que havia tingut de veure que ns el crèiem i ens revifavem, de com deuria haver pujat la carretera. «Vols jugar que no hi ha estat vint minuts», deia un. «Aon vas am vint minuts,—li responiem;—am dèu ha estat a dalt». «I encara», feia un altre. I, tot parlant d'això, semblava que ns fes més impressió l veure un estrany que no ns abandonava, que no pas el pensament de la propria alegria. Perquè an aquell home no més feia un més que l coneixiem. Dóna un agradable escalfor d'humanitat trobar-se en la desgracia un home que sense voler saber qui sou us allarga la mà!

De si era veritat o no lo que ns havia dit no sen parlava, perquè fins el més desconfiat de tots s'ho creia aleshores: ens hauria semblat portar-nos malament amb aquell home tant bo de no estar ben

contents, ja que ell ho volia. El company esquerp
que sempre cridava «Ens mataran!» no amagava
més que ls altres la seva alegria, perquè a davant
del defensor bo la bondat d'aquell home li gua-
nyava l'ànima. Però, mireu si és prou, ara ns havia
sortit un destorba-cuentos que sempre bonzinava:
«Jo ja sé l pes que tinc a sobre: a mi encara no
m'han dit res».

Però aquell dia poc ens el vam escoltar an el
bonzinaire. Va esser com si tot d'un plegat tornes-
sim a la vida per un camí segur, com si perdessim
de vista pera sempre l'espectre de la mort. Res
d'aquella alegria mistica d'altres vegades, tota tre-
molosa de la por de perdre-la: era un arruixament
de pau serena que ns convidava a cantar sossega-
dament i a pensar en el temps que encara viuriem.
Un va parlar de tornar a obrir l'estudi cada dematí,
perquè deia que la presó és l'universitat dels po-
bres; però jo no ho vaig voler per un si de cas.

No ns vam haver de recullir tots plegats pera
gaudir de l'alegria que passava, sinó que mentres
va esser de dia ls uns jugaven a les dames o al cas-
tell (de cartes mai en vam voler), els altres empai-
taven un tap de suro am peces de dèu centims, i dos
o tres parlavem de la causa i de lo que haviem
guanyat fent valdre a davant de tot-hom la nostra
ignocencia. Un va proposar que si no n mataven
cap de nosaltres hi fessim una pollastrada, i quasi
bé tots vam venir-hi bé; perquè aleshores no pen-
savem que l nostre bon cor no ns deixaria fer res

d'això. Els altres, els que de segur moririen, eren
els que ns havien acusat; però lo que és per mi i
pels de la meva celda, ben perdonats estaven.

Pel mar no passava cap nau que no fossim de
nassos a la finestra pera veure-la d'aprop. D'una
hora lluny ja li coneixiem la bandera, si és que l dia
era clar i l'atmosfera transparenta i pura. A la punta
del riu, cap a la platja i una mica més ençà d'una
farola, uns carros parats a ran de l'aigua devien
fer sorra, i nosaltres clavavem en aquell indret la
vista insistent, alegres de veure aquelles miniatures
remenudissimes d'homes que treballaven en lliber-
tat. A la punta del port s'hi veia com una pugor
que s remenava.

Per aquell costat del Castell no vèiem les postes
de sol i sens en anava l dia languidament sense ls
reflexos metalics de cap al tard. La plana del riu
s'envolcava en la boira de llum, de primer calitjosa
i blanca, després més fina i vermellosa, i a l'ultim
arroentada i morta. El mar s'anava fent més blau i
cap a llevant la nit començava a escampar una es-
polsada de sutge. Però aquella tarda l dia va morir
com li va semblar millor, sense que nosaltres ens hi
fixessim, perquè tot d'un plegat vam sentir un
remenament de claus i soroll de gent que s'acos-
tava. No us esparvereu, perxò: l'olor que entrava
pel trau de la porta era de ranxo.

Ja hi havia dies que no li feiem tant bona arri-
bada: cadascú va anar-se a buscar el plat i la cullera
a corre-cuita, i un aragonès que s'havia descuidat

de rentar-los va moure un gran xivarri perquè no l
deixaven passar fins a la galleda. Fillets, i quina
gana que teniem! Dos o tres van fer-se posar doble
racció, i, com que vaig veure que l cantiner me
feia esperar massa, vaig anar a allargar el plat a la
porta perquè m'hi aboquessin una bona cullerada.
Després, asseguts a terra, pels llits i arrimats a la
finestra, vam trobar d'allò més bons l'arroç i les
mongetes amb alguna ensopegada de greixum que,
amanit am força pebre vermell, era la menja del
batalló. Veieu si hi fa l'illusió en totes les coses:
aquell dia, encara men recordo, en vaig veure un
que escurava l plat amb un troç de pa com si apro-
fités les resquicies d'una pollastrada.

Mentres m'estava menjant el ranxo damunt d'una
pollosa plegada, a un que era una mica sentimen-
tal li va passar pel cap de dir-me l'estranyesa que li
causava un advocat en semblant positura. I tot pen-
sant am la franquesa que ns teniem i en la diferen-
cia dels móns ont ells i jo haviem viscut, va dir-me
amb una llei de veu tremolosa d'emoció: «Quan
surtis d'aquí, ja no hi pensaras més am nosaltres.
Veiam, diga-m: si un dia ens topavem a la Rambla
després de molt de temps de no haver-me vist, vols
dir que no t sabria greu de que parlessim una
estona? I què ls diries an els teus amics si veien
que t tractaves de tu amb un pobre?» No sé què li
vaig contestar; però estic segur de que m va creure.
Aquella pregunta m va afectar molt, perquè encara
no havia pensat en que ns podriem tornar a veure

per la Rambla i en que pogués arribar a oblidar an aquells homes. Conteu: sèt mesos de viure plegats de nit i dia, gaudint les mateixes alegries, sentint l'engunia i el dolor de les mateixes penes.

Quan se va fer de nit hi va haver una estona de cantades fins haver acabat les poques cançons corals que sabiem. Jo men vaig anar a encendre llum en el meu quarto, vaig parar la marfegota a sobre l llit, posant-hi a damunt les dugues mantes de munició perquè s'hi estigués més tou, i quasi bé tots els meus companys van venir-hi a passar la vetlla com en altre temps, estrenyent-nos pera fer-nos lloc en aquell recó calent a la llum esplendida d'una espelma rebuda de casa. Tot rient, rient, la colla dels solters vam començar a dir que seria una llastima anar-sen del món sense saber lo que és una nit de nuvis, i aquell que *encara no li havien dit res* ens va contar la seva amb un naturalisme cru, amb una mena d'art bandarra que no deixava res per gras, i tots ens hi vam fer un panxó de riure. Li haurieu hagut de sentir com tremolaven ella i ell a dintre del llit. «Però, amb aquell fred que fumia», feia ell, sense saber-s'ho acabar.

De les nits de nuvis se va passar a l'historia dels primers amors. Mentres ells explicaven els passos més tendres i sublims de la vida d'un pobre, jo, que no tenia amors pera contar, m'entretenia repassant en la memoria les sensacions més fortes de bellesa que he disfrutat. Però no sé per què n'hi va haver una que de pensar-hi m va trasbalçar més que les altres. I tant va obsessionar-me, que no vaig poder-me estar de contar-la an els meus companys. Figureu-vos un cap al tard d'un diumenge d'istiu. Tres amics que ns buscavem i ens enteniem per la comunió de les mateixes illusions d'art ens en haviem anat aquella tarda a una font d'aprop de Barcelona, en el peu mateix de la montanya Pelada.

Allí vam brenar en una glorieta desde on se veia la gran ruada de la ciutat ajeguda a la vora del mar llatí. La conversa era espiritual, d'una frescor de joventut, i a la tornada, sense que ns ho gosessim dir, va semblar que ns-e sofoqués tota la tristesa del crepuscol. Marxant a la ventura per camins solitaris, una gran emoció ns va correr a sobre, una llei de compenetració am la melanconia vespral de la Naturalesa. Evoqueu imaginariament aquesta decoració immensa d'una tristor implacable i podreu compendre la sensació de bellesa que va passar per la meva ànima.

En una reconada del camí solitari va presentar-sens una nena de quatre o cinc anys cofada d'una corona de vedielles. Els ulls, d'un blau de cel, eren grossos i com mullats de llagrimes; les linies de la cara eren d'aquesta indecisa finura que fa espirituals a les noies que no la perden al fer-se grans; i per sobre dels cabells rossos i esbarriats, tres o quatre vols de vedielles florides hi feien una gran corona verda i perlejada de blanc. El vestidet de pobre, clar i descolorit, li queia fins als genolls, deixant al descobert les cames morenetes i els peus descalços;

tota ella nèta com una plata. Al veure que ns que-
davem parats mirant-la, va obrir la rosa de la boca,
dos rengles de dents que mossegaven la punta de la
llengua. «Oi que soc maca?» ens va dir. Nosaltres
li vam fer que sí, que ho era moltissim, i ella, tota
joiosa, sen va anar a poc a poc com una visió que
s'allunya i s'esvaeix. Aquella nena, am la seva co-
rona de vedielles florides, havia sigut heroica en la
meva ànima. Quan els altres presos sen van anar a
dormir, jo m vaig quedar rumiant aquest misteri de
l'heroisme.

Acabava de veure una llum nova que feia pensar
en coses grans. L'heroisme és la flor de la vida, i
totes les ànimes ve un dia que ho són d'heroiques,
encara que no se n'adonguin. Unes vegades per
l'amor, altres per la bellesa i algunes pel sacrifici,
tots els homes, un cop a la vida o més, arriben a
tocar l'essencia eterna de les coses; però l'acció, el
gesto, l'idea heroica de l'home vulgar queden aviat
ofegats en l'ambient miserable que ls envolca:
s'oblida del tot l'idea santa, que no pot reposar en el
cervell orfe de geni, l'acció sublim se recorda com
una bogeria, i el gesto que suggestiona la bellesa
deixa sols el record d'un fet inexplicable. Tot el
misteri del geni l trobo aquí: en que és heroic
més sovint o té més conciencia del seu heroisme.

*
* *

D'ençà d'aquell dia, ja mai més vaig tornar a sentir l'engunia de la mort ensorrar-me tant endins en el gorg insondable de les mortals tristeses. *Els forasters* tornaven després de l'esperança retrobada, però ls anava arreconant de mica en mica en el cervell, cada dia més refet del torb furient que m'havia arrasat l'esperit, sense deixar-hi una illusió. Perxò l perill hi era, malgrat la raó que tenia d'aconsolarme: encara la veu de la justicia no havia dit la darrera paraula, encara dos o tres dels meus companys de celda estaven allí am les mateixes engunies, i fins els que volien animar-me més me parlaven del presiri. Sobre la pau serena del meu esperit, que estima la vida a tot arreu, en la terra natal, en el desterro i fins en el presiri, carregat de cadenes el còs mentres s'hi pugui viure, hi planava la vella engunia de morir mig esborrada, com un dolor somort i lleuger, rastre d'una malaltia mortal que mentres dura aquell encara pot sotragar-se altra vegada.

Aleshores vaig coneixer un altre sofriment més refinat i lleuger: el neguit que dóna un avenir indecís envolcat sempre entre boires, uns cops espesses com bots de temporal, i altres vegades transparents i negades de llum com la calitja. Hi havia dies que tot semblava preparar un acabament patibulari: o la mort com abans, o la cadena pera la vida, l'enterro d'en viu en viu en un presiri africà, arrossegant la simbolica cadena reblada als peus i a la cintura, sense llibres pera llegir, l'embrutiment que mata les illusions, els pares que s moren, el germà perseguit perquè t'estima, i tu allà dintre tot sol en el món, sense saber on girar-te pera que sentin el clam etern del cor que demana la llibertat.

Després passava una ventada que s'enduia aquestes visions quan ja començava a acostumar-m'hi: ja havia pensat donar el consol de lo que jo sabia an els avorrits del món, estudiar les llagues que trobés en les ànimes dels companys de presiri, escriure una obra demanant pietat pera les miseries psiquiques, portar el meu apostolat d'amor an el purgatori dels criminals vençuts. Ara tot semblava cambiar, perquè la presó duraria pocs anys, passats a l'escriptori d'un establiment penal d'aprop de casa, aon cada dia la mare vindria a portar-me l menjar a dins d'un cistell. Els amics vindrien un cop a la semmana a parlar-me en la sala d'advo-cats i em portarien algun llibre pera anar conser-vant el caliu de l'intelligencia, i fins podria, des-prés de passades les trifulgues del procés, escriure am tota calma aquelles obres que eren el meu tor-ment quan volien matar-me, aquelles espurnes del meu esperit que m feien estimar la vida.

I més d'un cop deixava anar l'imaginació fins a pensar en que s'acostava l dia de la meva llibertat. Els amics que m'esperaven a la carretera del cas-tell, l'arribada que m farien els de casa, la sortida que fariem fins a Vallvidrera tota una colla de com-panys, am la gran costellada a la font del Llavallol i els tips de córrer per aquelles montanyes amb un esplet de sol que estavella l cap, després l'anada a l'Empurdà am la mare a reveure ls llocs dels avis, i a pujar a dalt del Canigó pera cantar-hi l goig de la llibertat retrobada; i, a l'ultim, a París, la ciutat dels meus somnis, aon pensava desponcellar l'ànima en l'ambient intellectual de la vida rodolant a gran doll per l'ampla ribera.

Però tot d'un plegat el més petit fracas evocava altre cop les visions de la vida patibularia i la caiguda m deixava estabornit. Era com si d'un cop de destral me fessin saltar del cervell totes aquelles illusions assoleiades, i em veia arrastrat per la fada del mal, desde París am les seves esperances, an el presiri africà, sol en el món, al cap de molts anys, arrossegant-me com un vell xacrós que s'entoçunís a viure sobre les cendres de les illusions que havien mort. I altra vegada refeia l'historia de les vergonyes que hauria de passar, i anava acostumant-me dolorosament a la vida del presiri, amb el consol de fer bé an els que sofreixen.

Val més caure de ben alt tot d'un cop i quedar-se abaix estabornit i perdut séns remei, per sempre, que no pas redressar-se i pujar pera tornar a caure, sentir reneixer les illusions més dolces pera tornar-les a perdre altra vegada en el neguit de l'esperança que va-i-ve i ara t'exalta l'imaginació fent-te pensar en que aviat séras lliure i desseguit t'ensorra en un presiri o t'arrossega fins a les portes de la mort. Sou ben de plànyer, tots vosaltres els que passeu la vida en el neguit, homes dels crims no descoberts per la justicia, perquè la vostra pena és més gran que la passada en els presiris. Bé prou sabien lo que s feien aquells recercadors de martiris del paganisme grec quan condemnaven a l'avorrit dels déus al treball de pujar al cim d'una montanya pera trobar-hi l repós etern, i, un cop anava a l'ultim a assolir-la, el rebotien costa avall, deixant-li sempre l dalit de tornar-la a pujar pera estimbar-lo altra vegada.

Les hores bones s'anaven allargant més, perxò, i venien am qualsevol excusa: hi havia cops que un dia de sol ens retornava, sense cap més raó que la seva esplendidesa. Aleshores me vaig fixar en l'efecte que produeix l'ambient fisic, sobre tot en les ànimes amenaçades d'un perill o que viuen en el neguit d'un avenir nebulós. Hi havia dies que la boira ns tapava l mar, el cel s'endolava d'una fosquetat opriment i la pluja queia a ruixades perfidiosa: doncs ja ns haurieu vist tots empiocats pels recons, maleint el mal temps com si haguessim de sortir a fòra i la pluja ns en fes pairar. Us basto a dir que no m recordo de cap dia alegre i nebulós: semblava com si els nuvols devallessin al nostre cervell pera ofegar-lo.

Els dies plujosos tenen quelcom de consolador, de més terrible que les nostres tristeses. Jo penso que ls malalts per flaquedat de forces, els joves escanyolits i ensorrats de caixa, de cares esgrogueides, de membres deixats anar pel cançament nerviós, hi troben en els ambients nebulosos com l'afalagament d'una mà que ls amanyaga, hi senten un sofriment tant gran de la Natura que ls fa veure la lleugeresa del seu dolor: una gran germanor de les seves malures am la tristesa infinida de les coses.

En les hores més tristes del captiveri m feren rabia les voltes estrellades, la blavor del cel immaculat, les aigües tremoloses de llum, i és que aixó devia esser massa alegre pera la meva ànima desmaiada. Aleshores me creia que no les avorria per aixó aquelles decoracions esplendides, sinó perquè eren massa limitades, i jo sentia una gran set d'infinit. Les estrelles que esbocinen l'espai, l'ambient purissim que deixa marcar tots els objectes, les ones que rompen la planuria del mar, eren pera mi visions miserables que m'amagaven l'ànima eterna de les coses. Encongit en la meva celda, tancada am pany i clau, sentia encabritar-sem l'ànima en ansies d'infinit, i no trobava consol en la fosquedat impenetrable perquè no la podia veure; me feia un ideal del poder-me trobar a dalt d'una montanya am la boira descolorida a sota ls peus i el cel cobert per un mantell de nuvol, descolorit també, pera donar-me l'espectacle d'un espai sense limits, d'un ambient implacable de tristesa, d'una llum somorta reduida a pols imperceptible que no pogués fixar-se en lloc, d'un espai sense més enllà ont el meu còs, redressat d'orgull, fos el principi i l'acabament de l'infinit.

Ara, que no m trasbalsa cap engunia, frueixo més en la contemplació de l'ampla ribera costejada de montanyes que en l'espectacle del mar. Penso

10

que la meva ànima ja no està malalta com aleshores que sofria, però anyoro aquella set d'infinit que m donava l dolor. Pot-ser el benestar arronsa les ànimes.

Així ls dies tristos semblava talment que portaven pluja i els dies d'esperança l cel i la terra reien am nosaltres. Per mica ben humorats que estessim, un matí de sol animava tota la celda sense adonarnos-en i nosaltres sentiem una alegria inconscient, una rialla de la carn que s deixondava.

Al cap d'una hora de sentir tocar a albada hi havia dies que ja l teniem allí, el sol, l'unic company que ns venia a veure de fòra. Franc i joganer, te desparpellava ls ulls i saltava de l'un llit a l'altre com si digués: «Apa, apa, aixeca-t. Què hi fas aquí, ensopit? Vine am mi cap a la finestra, que jogarem». Me llevava penosament i me n'anava a veure l mar. L'optimisme de les matinades esplendides me refrescava l cor. Tots els presos venien cap allí pera colrar-se una mica, car ja ho necessitavem nosaltres, que no sortiem mai del calaboç, tancat i amb una centinella a la porta.

El que tenia l llit a ran de la finestra s'hi ajaçava com un milord, estarrufat de la visita, i, amb un aire de bons minyons que no volen renyir, ens repartiem tots dèu el gran braçat de sol que entrava a la celda. A la finestra n'hi cabien dos, que s'hi asseien una mica encongits permor de deixar passar per sobre l braçat, que s ficava molt endins de la celda, i cls altres ens assèiem en el llit del milord o ens escalonavem per terra asseguts a sobre les mantes de munició. D'en tant en tant la jacerada s'estirava languidament cap a endavant pera poder seguir el sol que s'escorria. Ara que hi penso, me fa una gran pietat aquell pilot de carn de presó escalfant al sol les seves tristeses.

Però allavores era un goig voluptuós anar-se colrant de cada costat, mig entressonyats encara. Moltes vegades ens estavem aixi, sense parlar de res, una hora i dugues, com si miressim de no despertar an algun dels nostres que s'hi hagués adormit com un sant. Lo que és per mi, m'hi enfavava sovint mirant la remenadiça de les menudes volves de pols que voleiaven pel braçat de sol. Com se retornava i enfortia tot el còs amb aquella escalfor manyaga que després de trempar-te la carn t'amorosia l'esperit! Les rancunies més fortes s'amansien i anaven esborrant-se del cervell els records cruels de les hores doloroses.

En el cervell s'hi deixondaven alegres els sentiments adormits del bé, de l'amor i de la bellesa. Tots els bons instints se feien amos de la casa i ens convidaven a estimar i a viure i a perdonar als dolents, que prou pena tenen ells d'esser tal com són. Pot-ser si sempre hagués fet sol no n'hi hauria de dolents en el món. «Sigues bo, siga-ho sempre,—deia una veu d'adintre,—perquè si en el món hi ha homes que fan mal, això no vol dir que ls bons hagin de fer-ne també, de mal. No facis com aquesta Justicia que arriba a divinisar-se en el seu orgull i

mata pera curar la maldat. Si no més hi ha l'amor
i la bellesa que puguin redimir als dolents! Tu, que
mai has sentit fam de revenjar-te, sigues bo sem-
pre, sempre, i no avorreixis tampoc. Veus tot lo
que has patit? Doncs això t'ha de fer estimar més
encara. El teu amor ha d'esser pera ls dolents, que
són els que més el necessiten. Mira que mentres
avorreixis algú la teva ànima serà impura.»

Aqueixa pau, que deixonda tots els bons ins-
tints i crema en el foc sagrat de l'amor totes les
rancunies, dóna a la nostra ànima una sensació de
lleugeresa pueril. Sembla que a la ribera d'un Jordà
invisible t'hi acabis de rentar l'esperit de totes les
impureses. Com l'anyoren aquells que l'han fruida,
aquesta pau serena que no és la resignació del cris-
tianisme, sinó quelcom d'infinidament més gran
encara: un deliqui d'amor humà que no perdona
perquè no veu el pecat, que no fa caritat perquè
no té res seu, que sap quins són dolents no més
pera estimar-los.

D'ençà d'aquells dies de sol del captiveri, aquest
ha sigut l'ideal que m'ha fet estimar la vida; però
la meva ànima és impura i no més pel dolor va
poder-hi descançar poques estones. Després, la
ronya ha tornat, i no he pogut més que perdonar
als dolents sense poder-los estimar; aquesta ronya
del perdó, que jo abans me pensava que era una
virtut. Una cosa és l'ideal i una altra l sentiment
de l'home, i més d'un cop, pera explicar aquest an
els amics, la ploma se m'ha escorregut a parlar de

lo altre. Però això és mentida: el meu ideal no l'he tornat a sentir d'ençà dels dies de sol del captiveri.

L'ànima redimida pel dolor, purificada pel sofriment: vet-aquí una idea paradoxal que enclou una veritat fondament humana. O t'han de fer patir els sofriments dels altres o has de passar les penes més cruels pera estimar força, força. El sentiment de venjança i el sentiment d'amor són fills d'un mateix pare, engendrats en el mateix llit, de la mateixa femella. Un home que no sigui un covard, perquè un covard és no més l'ombra d'un home, pot reaccionar de dugues maneres contra l mal que li fan els dolents: estimant més que mai o avorrint am tota l'ànima.

Tancat a la presó, isolat dels de casa, tractat com una bestia rabiosa pels que l'han de guardar, arrossegat de l'un afront a l'altre en gradació sempre creixent, acusat d'un crim horrorós del que està ben nèta la seva ànima, desesperat de veure que l seu clam d'ignocencia no li val i veient-se a les portes de la mort, si estima la vida bojament com jo l'estimava i veu que li van a pendre per unes idees que no té i per un crim que avorreix, aquell home no és estrany que senti set de venjança, un desig d'arrapar-se am les dents a la gorja dels que l perden i ensorrar-les allí fins a esqueixar la carn i esbocinar-la; però també pot esser que una halenada sublim li faci veure com són orfes d'amor els que l'ensorren i com seria bo d'estimar-los. Tu que no

coneixes la frescor d'aquesta aigua puríssima, vine
am mi a abeurar-te a la font del meu cor.

«Això és mentida,—n'hi haurà que diran;—
el mal crida al mal.» És veritat: el mal crida al
mal; però, i l'home? I aquest gran amor humà que
fa miracles cada dia, no l'hi compteu pera res? Tinc
d'esser honrat pera dir-ho: ni en les hores més des-
esperades me vaig sentir capaç de fer mal als que m
perdien: ni matar, ni voler que ls matessin, ni
que ls fessin mal. Sempre vaig tenir ben néta l'àni-
ma d'aquests mals pensaments. I en els dies de sol
del captiveri l meu ideal va arruixar-me l'esperit
d'una pau serena i vaig sentir un gran amor pels
orfes que no n tenen.

Ideal candíssim que cremes am llum immacu-
lada en el fondo negre dels més tristos records:
pera tu vui viure, pera tu tinc de lluitar. L'ànima
impura s'ha allunyat de tu am recança de la meva
voluntat, que no és prou forta pera sostenir-me en
un ambient de tanta perfecció; però jo m'esforçaré
pera atrapar-te altre cop, esmolant la meva ànima
en l'amor dels dolents. D'en tant en tant, sugges-
tionat per la mala bravada del món venjatiu en que
vivim, sento en el fons del cervell l'espetec d'una
espurna covarda i venjativa, però sempre m trobo
am prou coratge pera ofegar-la. No més me falta
empenta pera treure-m la ronya del perdó.

Benehits dies de sol que vau donar-me un ideal
pera la vida en els dies més desesperats del capti-
veri, me sembla que us he gaudit un moment altra

vegada. Torneu-vos-en al fossar dels records, que allà us hi tindré desperts tota la vida pera que vingueu a consolar-me en les hores de tristesa, quan el meu cor se trobi cançat d'estimar massa.

Hendaya, Octubre 1897

ANYORANCES DE PRESÓ

ANYORANCES DE PRESÓ

I

IMATGES saboroses de la llibertat perduda, nostalgies melanconiques dels paratges amats, deixondeu-vos avui en la memoria i torneu a perfumar-me l cor am l'aroma de les santes tristeses. Vosaltres enceneu en les tenebres del pobre cego lluminaries esplendides; vosaltres exteneu amples riberes davant de la sedejant caravana; vosaltres manqueu les alegries somortes del desterro; vosaltres ompliu de voluptuoses ombres la soletat de les presons. Veniu, veniu a mi, anyorances de la celda patibularia, i torneu a perfumar-me l cor am l'aroma de les santes tristeses.

Ja m torno a sentir a la tarda de Nadal assegut a la taula parada am posts i bancs de llit. Els havien dut a tots els meus companys pollastres i turrons i viandes de casa, i, encara que ane mi no m'havien

dut res per por de que m'ho emmatzinessin pel
camí, van convidar-me a l'etzigori am tota la bona
voluntat del món. No més n'hi va haver entre tots
un de molt estrany que va quedar-se en el recó de
la seva celda pera menjar-se tot sol lo que li havia
pujat la seva xicota.

Fer el Nadal am menjar de casa! Allí tots erem
de la maniga ampla, però l record de les alegries
passades altres anys al menjador de casa nostra
havia deixat en nosaltres un ròssec imborrable que
no tenia res que veure am la tradició fanatica.
I, després, aquella carn, aquelles postres compra-
des al cap de tants mesos de miseria, parlaven d'un
amor tant gran!...   •

No penso haver-ne passat cap de tant feliç, de
Nadal. Aquella germanor de partir-nos-ho tot,
aquella estranyesa de riure i de gaudir la mateixa
celda ont haviem passat ja tantes penes, transfor-
mava magicament les més tristes anyorances i les
convertia en realitat assoleiada. No ns en sabiem
avenir de la nostra alegria, i, no podent-la gojar
tota d'un cop, pensavem en els temps a venir i en
la calma que serenaria la nostra ànima sempre que
desvetllessim tant platxeriosos records. I, gloriosos
de la nostra alegria, varem pensar en el pobre cen-
tinella que passava el Nadal l'arma al braç, al pas
de la porta de la celda, i un de nosaltres li va portar
com penyora de fraternal oblit un troç de turrons,
neules i vi ranci.

Tota la tarda va passar en una inconsciencia

encantadora, i, un cop encesa la llum de la llantia
i tancada la finestra enreixada que donava al mar,
la conversa va rodolar lleugera cap als altres Nadals
d'anys menos tristos, i d'allí a les festes i als parat-
ges que anyoravem. Anavem repassant tota la vida
i evocant les imatges del món que haviem corre-
gut, fins que, convidat per la tendror de la con-
versa, va sortir del recó de la seva celda l company
ferestec que no havia volgut partir am nosaltres el
menjar que li havia pujat la seva xicota.

Era un nomada que no esquinsava mai dos
parells d'espardenyes en el mateix recó de món.
El seu pelegrinatge etern li havia fet coneixer mol-
tes terres i una varietat infinida de costums, i jo m'
quedava am la boca oberta de sentir-li contar els
afanys de la seva vida amb una plasticitat de termes
admirable. En tot sabia trobar la nota justa i feia
veure lo que anava contant perquè parlava a cops
d'imatges. La cara prenia l'aspecte de cada senti-
ment, els braços estargien l'acció contada.

Encara l veig al mig del calaboç blincar energi-
cament l'esvelta figura. Tot caminant, un dia, va
anar a raure a un poble de pescadors. Feia un
fred!... I tot dient-ho semblava que se li esborronés
la pell. Després de moltes hores de patir gana, va
entrar en un camp a robar naps i cop de menjar-
ne: la fam no li deixava sentir la fredor que li bai-
xava tripes avall. I, una mica refet, va anar a
llogar-se pera sortir a la pesca del bou aquella nit.

A l'hora prima del vespre de Nadal van avarar

els dos llauts de la parella. Feia una fosca negra com gola de llop, el vent esborronava les aigües i alçava un ruixim que ls abrigava de mollena. Instintivament s'arrebossava les manegues i s'arremengava ls pantalons. En el llaut del patró la gent cantava, i els altres seguien calladament aquell choral que s'enfonzava en les tenebres. El vent gelat que tallava la pell va saltar sobtadament a l'altra banda, i el pobre xerric llogat de nou va tenir d'enfilar-se a dalt d'un pal que brandava com un palmó. Abaix la gent s'esvalotava perquè la vela no prenia vent; el timoner, de mala llengua, li manava coses que no entenia, i ell, allí dalt, esmaperdut, sentia ganes de deixar-se anar, arrapat am les cames i am les ungles, amb un cobriment de cor que l desmaiava.

Compteu: era l primer dia que sortia al mar. I aixi va anar seguint tota la pesca, parant-se molt en l'invocació valenta del patró quan llença l bou a l'aigua. Però la seva ànima, aixerreida pel sofriment, no sobtava la bellesa de les coses, perquè no més veia l dolor. S'enardia parlant dels temporals correguts moltes vegades, d'aquell treball de presidaris, de treure l'aigua que les ones llencen a dintre del llaut, i corria brandant els braços am gestos epics pera explicar la lluita heroica del pescador am la mar bramulanta; però parlava fredament de les albes del dia i de l'immensa fornal del sol aixecant-se flamejant sobre les aigües.

Aquella ànima un xic esquerpa, criada sense amor al mig d'una gran isla, era la flor dels nostres temps, flairosa i virolada, però vestida d'espines. Jo m'encantava de sentir-lo parlar, animant-se amb el record de les aspreses de la vida, però devegades me feia sentir fred sota la pell quan l'instint de revolta l'espuatava.

Si ns en va contar de marxes i contramarxes d'un poblet a l'altre, cambiant d'ofici a tot arreu, treballant un dia de rejoler, un altre de pescador, més tard de carboner, i de pagès, i de manobra, sempre inquiet, un xic desconfiat i a punt d'abandonar-ho tot quan l'engunia del cançament li pessigava l'ànima. Amb un cruelisme cinic no més contava dels seus amors la part grotesca que l posava en ridicol, i els reganys i bofetades que havia rebut, i al veure-ns riure ns clavava la mirada ferestega dels seus ulls blaus i arremengava ls llavis com si volgués mig-riure, reganyant les dents blanques i fortes.

Tancat allí dintre, hi patia més que tots nosaltres: passava dies i semmanes acorralat en la seva celda, sense dir-nos paraula, rosegat pel corcor de l'engunia, fuetejat per aquell instint de vida nomada que l'atormentava. I me recordo que aquella nit de Nadal, tot explicant-nos el seu pelegrinatge pel món, l'anyorança dels paratges immensos el devia pessigar, perquè, trencant l'historia que ns contava, va rompre a caminar pel calaboç a grans gambades, cridant nerviosament, saccejant la porta que s mig-esbadellava, estemordint al centinella amb els seus crits:

—Lladres, més que lladres! Jo vui sortir! Obriu-me, lladres, lladres!...—

II

Després de la passejada de cap al tard, quan s'havia esbargit per l'ampla quadra l tuf del ranxo i feta la neteja, solien els presos esperar l'hora d'estirar la marfega formant una rodona amb els farcells i asseient-s'hi pera fer petar la claca. Allà haurieu vist un quadro pintoresc, am tanta gent mig nua apilotada, atormentats qui més qui menos per la *menjilla* de les presons, les cares greixoses de suor, i arremengades les manegues els que duien camisa. Un centenar de presos formiguejava per les quadres i el corredor, i el rotllo creixia o bé minvava, segons de que anava la conversa. El conjunt donava una impressió grotesca d'art bandarra.

Quan vaig acostar-m'hi aquella nit n'hi havia un al mig del rotllo que bracejava i s'arrupia tot explicant el seu ofici de rejoler. Perquè tots aquells no eran rampinadures de presó, sinó gent treballadora trasplantada allí pel *bon cop d'ull de la Justicia;* però feia més pena de veure-ls atormentats per la *menjilla* de les presons, amarats de suor, esparracats i bruts d'ajaçar-se per tot arreu.

Després de fer la terra a pic de magall i de pujar-la a dalt de la rampa amb un carretonet, el rejoler explicava la manera de fer bassada i com se posa l fang pera emmotllar una restellera de totxos. A copia de çaminar ajupit, les carns se li estiraven, la carcanada de vegades se l'hi estrefeia. Sense estirar l'esquena, corrien de l'una banda a l'altra am mig quintà de pes; quan el temps amenaçava pluja, s'alçaven a altra hora de nit pera posar a sota l porxo l'obra encara tendra, i el dia que tocava desenfornar agafaven am les mans, no sempre protegides pel troç de cuiro, l'obra roenta i se l'emportaven un troç lluny.

I el rejoler, entremig de la relació, feta amb entusiasme, renegava del seu ofici tant cruel. «Treball de presidaris, feina malehida, no n'hi ha cap en el món de tant consagrada com aqueixa.» Els altres no hi volien saber res an això: trobaven que ls rejolers estiraven la carn, però no exposaven la seva vida. «Haguessis de fer com jo, — li responia un paleta, — a dalt de les bastides istiu i hivern, quan el sol estavella i quan l'aire gelat te glaça la barreja. Una vegada vaig caure daltabaix d'un tercer pis i vaig jeure no sé quant temps arronsat com un porquet de Sant Antoni. »

«No t'hi facis veure tant perquè vas caure, — li feia un manyà de màquines. — Ben bé que t'hi devies planyer tot un mes amb els *calés* de l'amo. » «Qui? L'amo? Ja va fer prou de pagar l'arnica i els draps d'embolicar-me l primer dia. Després va dir que tant mateix ja volia despatxar-me per taul, que no feia més que badar i cargolar cigarros.» «¿I doncs, nosaltres, quan una màquina sens emporta un braç o ns trinxa l'ossada com pilota? Però això no passa gaire sovint, mentres que l treball de la llima t'ensorra la caixa i te gama poc a poc, un xic més cada dia.»

Aleshores van ficar-se a la conversa l que treballa en el moll del carbó, a dins del barco, respirant una boira negra que tapa ls esperits; el bastaix de la riba que corre hores i hores am quinze arrobes de pes a coll; l'infeliç de les refineries de sucre, que viu a l'infern; i el pobre paria de la fàbrica de vidriol, sense dents i sense ungles, esperant que se li corquin els óssos pera reposar. Tots cridaven que l seu treball era l més dolorós, tots defensaven aquell do cruel del seu ofici amb un amor macabric.

Però tots l'anyoraven. El rejoler sermonava que perxò encara li agradaria fer un centenar de totxos, el paleta s dalia pera tornar a pujar a dalt de les bastides, i tots parlaven greujosament de les feines abandonades. I és que, per més que faci la Justicia, no pot fer avorrir el treball a l'home bo.

El treball és la vida, el treball és una font de goig sobre la terra. Però la congestió economica dels nostres dies l'ha fet insà i cruel: la religió hebraica va maleir-lo com un castic de Déu, i avui els homes l'han posat com un jou al coll del miserable. Tu que sofreixes sota la càrrega fastigosa, tu que somnies emancipar-te del dolor, trenca, si pots, el bast indigne que va posar-te un mal germà sobre les espatlles, però no avorreixis el treball. Mira que és la sola font que mai s'asseca: fes-lo sà, fes-lo bell, fes-lo humà i bo i glorifica-l. Estima l treball, que és un goig veritable i llença l'obra com secreció d'un plaer.

Allà dins d'aquelles quadres miserables, forçats al mal vagar, els homes agafats pel bon cop d'ull de la Justicia sentien l'anyorança del treball. Gloriosa anyorança, jo t'admiro: tu ets la rosa alexandrina de les presons. Els presos que senten el teu perfum no poden corrompre-s am les impureses patibularies.

III

La volta baixa i mal emblanquinada, les parets brutes i plenes de cordes carregades de farcells, sacs i roba vella, el sol de terra mal embaldosat i la migrada llum que entrava per una espitllera oberta en la paret del fondo, i una finestra mig tapada que donava a la comuna del Castell, tot prenia un color de miseria, accentuat per l'espectacle dels llits de munició posats de cap a la paret, carregats de farda que s'enfilava muralla amunt i apilotats de tal manera que, mirat de la plaça estant, oberta la porta de bat a bat, el calaboç semblava un magatzem de drapaire pobre.

Estant jo allí van deixar entrar les families al

Castell. Nosaltres ja feia uns quants dies que sortiem a pendre l sol una hora cada tarda, passejantnos am tota llibertat per un gran troç de bastió. Per sobre l terraplè vèiem la ciutat reposant al peu de la montanya i la miravem com la terra prohibida de promissió: allí hauríeu vist els presos embadalits aspirant deliciosament el baf de llibertat que pujava de les terres negades de llum.

Quan ens entornavem al calaboç, enlluernats per la gran claror de fòra, la fosquedat i la bravada ronega del nou departament me feien pensar en les rates que viuen a les clavegueres. Feia pocs dies que m'hi havien pujat d'abaix del soterrani, més clar que aquesta nova quadra, i no sabia avenir-me a tanta fosquedat. De dins estant, mirant pel forat de la porta, se veia la Plaça d'Armes, roenta de llum de sol a sol; i si un mirava gaire estona per'llí, després no hi veia gota i els ulls li feien mal: un pres, al cap de pocs mesos de trobar-s'hi tancat, no podia fixar la vista sobre l paper blanc sense que li rodés el cap.

Un record grotesc, nodrit de moltes impressions del captiveri, me ve a la memoria am l'imatge de la quadra miserable tot parlant de les anyorances de presó. Entre aquella munió d'homes perseguits per les seves idees avançades ne vaig trobar molts d'infeliços que no havien pensat mai en là revolta per la llibertat de l'home. Desde l boig fins al revenedor de diaris, desde l lladre d'ofici fins al peça, desde l pobre obrer que no s cuidava més que de viure i treballar fins al vago inconscient que menjava rampinadures i dormia quasi sempre a la serena, quants se n'hi arrossegaven per aquelles presons sense que pogués sospitar-se per què ls havien pres!

I tota aquella gent sentia allí anyorances estrambotiques. Encara m sembla que estic veient a davant del meu llit al grotesc personatge que m'explicava les seves penes la vetlla del primer dia que van pujar a veure-ns els de casa: era un peça i sentia l'anyorança dels patacos.

Aquella tarda l'havia passada respallant-se la roba i enllustrant les *llaujes*. A copia de besonyarhi n treia una lluentor de cosa vella aprofitada, i tot espolsant aquell vestit semblava com si tot ell se transfigurés. Era una cosa estranya: un home que mai contava res, que mirava amb una lley de respecte fetitxista an els que sabien de llegir, que s'arrossegava pels recons empiocat com una bestiola estemordida. I ara la cara se li anava estirant, se cuidava l bigoti i redreçava la carcanada amb una fatuitat de gall de llevor. Me van venir ganes d'escorcollar-li l'ànima i m'hi vaig acostar.

An aquest sí que l'havien ben *enfastigat*, com deia ell amb un desmenjament que m feia molta gracia. Un any d'*estaru* am presos que parlaven com uns senyors i no eren més que tristos *podalls!* Un home com ell veure-s així, el peça més valent dels patacos de la *Ceca* i de eà l *Ximo;* ell, que, si volia, *entrava per la punxa* a tots els balls de *musica de rodada;* ell, que, sense viure com un *macarró,* era l *prenda* d'una pila de dònes *encagarrades* per la seva *pinta* i aquella veu de baix que li esqueia tant bé.

De mica en mica s'exaltava i reia nerviosament i se posava a parlar depressa, contant les seves glo- ries, mig esborrades per aquell any d'estupides tristeses. «Aquí on me veieu, no n'hi ha hagut un altro com jo per tirar tremendes.» I m'explicava com presumia ls diumenges a la tarda am la seva *tura* de câ n Serrarrica, les *llaujes* de xarol, lligat al coll el mocador *pispat* a la darrera *musnó.* Tots els *tunantas* li feien rotllo, perquè sabien que ell no era dels que fan *xapasquent que ve l ganguil* quan *s'abroncava la monjeta.*

Però, com va esser que l'agafessin? Un poli- çont que havia sigut peça i li tenia rabia. «Sabeu? —me deia.— Un covard que mai s'ha atrevit a plantar-me cara. Aquell dia jo havia fet *carretada* a primera hora: una dòna de catorze anys... i la faixa; quan *diquelo* a la porta dos *ganguils* que treien el nas i veig que se m'acosta un *pelma* i em marca que no men vagi de la *mui.* «Escolteu jove,—després em xerra.—Que sou vós que us menjeu els homes?»

» Com que ja havia *filat el dau,* jo que faig *muts a la gabia* i li allargo *trucant* per fer el cigarro.

» —No estic de filis, mestre: vinc a dir-vos que m veig *acapaç* de pegar-vos.

» —Mosca! I això? Voleu que hi fem una copa de *penyi?*

»I no hi va haver paraules que hi valguessin: el *llonza* m'allarga un cop de puny, i quan anava a treure-m el *xarrasco* entren els *ganguils* amb el *llampant* enlaire, me lliguen com un Cristo i cap a fòra. Ja us el podeu pensar el batibull farina del pataco. Més de quatre que jo ls havia protegit volien defensar-me, però una veu va cridar *No us enredeu, que és anarquista!* i aquella nit ja vaig *matar l'araig* a l'*estaru*. Tots els que m respallaven me van deixar, i no més la dòna que havia fet aquella tarda s'ha recordat de mi. Cada dissabte m'ha pujat la roba nèta i alguna *endola* de tant en tant. I pensar que ni l'he tocada aquesta *musnó!* Ca, si les dònes!...»

Va escupir a tall de peça i els muscles de la cara van pendre un aire de bestial orgull. Un fondo sentiment de compassió m'arruixava l'ànima mentres ell me contava tot estarrufant-se les miseries del seu esperit. Els meus ulls sel miraven amb un gran amor, i ell, el pobre, semblava que ho coneixiá i s'animava. Ell també sentia com un envit de gloria repassant els records malalts, les seves proeses de cavall pare, les seves victories de valent entre la purria degenerada dels patacos.

Els patacos! Quan ell pensava que hi podria tornar, que l'endemà mateix la seva xicota li parlaria de cà l Ximo, de tots els coneguts, d'aquella vida anyorada tant temps, tornava a sentir-se l mateix d'abans: aquell encongiment dels altres dies se n'anava, i, sense caure en el sentimentalisme dels demés, encarcarava la fatxa desnerida i prenia aquell aire de desmenjat d'un caient degenerat i hieratic.

Sentint-lo enraonar en el seu caló de la bohemia dels pobres anava aclarint-se en el meu cervell la visió esfumada d'aquella multitud malalta que les ciutats escupen: la veia extendre-s per les presons i pels hospitals, per les cases de prostitutes i pels barris ronyosos, lluint per tot arreu aquell despreci an els homes que treballen i aquella vanitat de mascle que s'estarrufa a davant de la femella. Dances tragiques les que balleu, vosaltres els vençuts, en els afores de les ciutats vicioses, quan a la tarda de la festa feu parada de les vostres miseries am malalta alegria, al só de musica banal!

El pobre que un dia va gaudir-vos us anyora. Torneu, ronyes de l'ànima vençuda, devalleu a la celda del que us ha perdut i aconsoleu-lo. Entre les reixes s'hi ha empiocat un any sense saber què li passava, i no més de sentir que us acosteu a les portes de la seva presó l'ànima s deixonda i vol gojar. Torneu i aconsoleu-lo al que us anyora, que sou vosaltres visions de llibertat, penyores del bon temps que torna. Malaltices i tot, sou una gloria, i el pobre pres vol que li envolqueu l'esperit pera esvair-hi un moment les imatges de la vida patibularia.

Parlant amb els que estaven tancats am mi, vaig

adonar-me de que tots sentien anyorances dife-
rents.

I fins un cop·vaig sentir que m'arruixava l'àni-
ma una gran tristesa al pensar amb els companys
de captiveri que quedaven tancats sota la plaça,
aquells pobres que encara anyorarien molt temps
les alegries de la llibertat perduda.

Llers, Setembre 1898

LA MARE DEL PRES

LA MARE DEL PRES

En les hores tranquiles del desterro la mare m'ha anat explicant la seva historia en aquests dèu mesos de passió, nodrits de sava dolorosa. Si jo pogués estargir am paraules la tragica evocació de tantes hores cruels que am la veu i el gesto, els ulls i les llagrimes, m'anava fent la mare, la meva narració fóra una pagina immortal on tots els homes podrien venir a beure, com a una font inagotable, els sentiments més tendres.

El martiri dels ignocents per l'amor del pres és l'historia de sempre. Els que van inventar l'idea de Justicia van veure ben clar que, o seria absoluta o no seria, i van encendre en l'ànima de les multituds la llum enlluernadora. D'aleshores ençà ls homes han volgut despullar-la de la divinitat primitiva: un sentiment humanitari penetrant fins al cor de les darreres religions, els ha fet predicar el relativisme de la Justicia humana, que pot enganyarse i enganyar; però les multituds són més logiques

que ls savis i que ls predicadors de religions, i en
la seva ànima hi han guardat la mateixa llum en-
lluernadora d'abans: la Justicia ha d'esser absoluta
o no ha d'esser.

Per això la seva obra deixa un róssec de delin-
qüencia en tot lo que toca: no vol dir res que sen
desdigui: la tara hi és i no s'esborra. Tu que has
estat a la presó, ets un dolent: ara diuen que no has
fet res de mal, els jutges ho declaren, però a davant
de la multitud la tara hi és. Sempre queda un *qui
sap?* pera ensorrar la conciencia més immaculada. I
tu, que encara hi ets a la presó, també ho ets de
dolent, i sinó no hi series: debades me dius que no
s'ha acabat el teu procés, que ls jutges no han dit la
darrera paraula: no hi fa res: la Justicia no t'hauria
agafat si no fossis un murri.

Per tot arreu l'idea absoluta que crema en l'àni-
ma de les multituds enlluerna i cega. L'ànima de
les masses és molt senzilla i no se li poden fer enten-
dre les subtileses. Quan la Justicia s fica a dins
d'una casa, hi deixa una bravada de culpabilitat,
perquè si no fos així no hi aniria. La dòna del cul-
pable, els pares del culpable, els fills del culpable,
els germans del culpable, tot queda empestat en
aquella casa, i si no vols que t'encomanin la sarna
del seu esperit aparta-ten: són els avorrits per la
llei, culpables del seu amor, gent que fa pudor de
presiri o de patibul. Ells mateixos s'ho coneixen
això, i sinó mira-ls com van avergonyits pel món.
I, com no voleu que dubtin els estranys, si a dins de

la casa que hi ha més amor l'idea de Justicia arriba fins a ficar-hi l dubte?

Però tu, idea absoluta que devalles als cors dels que estimen al teu avorrit i els acovardeixes, tu també a l'ultim te trobes vençuda per l'amor: no cal que hi besunyis aquí: no hi entraras pas mai en l'ànima de la bona mare. En els cervells dels altres encara hi podras fer forrolla un moment; però, si estimen de debò, no més ho diran a casa seva i després ten treuran. Les mares són heroiques pel seu amor i arriben a ofegar en el cervell la veu de totes les generacions mortes. No hi ha idees absolutes que hi valguin: per les mares l'atavisme no hi és. Escolteu-les: el meu fill és ignocent, i tot això que dieu li lleven, és mentida.

Les mares que estimen de debò, que n són de belles! Moltes vegades penso que també són genials, que no més elles hi veuen a través dels nostres prejudicis. Pot-ser elles soles tenen raó.

*
* *

Asseguts a la ribera del Gave, a davant mateix de la Cova de la Verge, la mare i jo, a l'endemà de sortir del Castell, disfrutavem de veure-ns sols a Lourdes sense ningú que ns escoltés. Les paraules rajaven facils i camoses, buidant el cor de les emocions sentides en els dèu mesos de separació; i la serena calma del lloc, ombrejat per arbres altissims, l'alegria d'aquella aigua esvalotada escorrent-se pel riu encaixonat entre la roca i un ample amfiteatre cobert d'herbes molçudes, i aquella verdor que per tot arreu envolcallava la terra, feien un marc negat de llum an els records ben tristos que ns contavem.

La mare m preguntava si no m'havien fet mal en el Castell, i jo, que m moria de ganes de saber tot lo que havia passat afòra mentres va durar el meu captiveri, repassava ls noms de tots els amics, me feia explicar coses que mai havia pogut entendre bé, i volia que ella m'anés contant com s'ho havien fet pera resistir tantes penes en tant poc temps.

—Escolti: i quan sem van endur de casa aquells dos homes, van trigar gaire a venir el pare i el meu germà? Quina tarda devia passar vostè!

—I tant trista que la vaig passar! Del balcó estant vaig veure com se t'emportaven, i, encara que no m pensava lo que va esser, el meu cap barrinava les coses més estranyes. Pensava que no li havia de haver obert la porta an aquell que va entrar primer, tant malcarat; que li havia de dir que no hi eres, pera veure si s'avorria d'esperar-se al carrer. No m'ho podia pensar que t'agafessin, no m'ho volia creure; però l cor m'ho deia que te n farien una, i quan va començar a fer-se fosc i vaig veure que no venies, me va venir una pena de veure-m tota sola, que no feia més que plorar. Quan va arribar el teu pare i li vaig dir que se t'havien endut a declarar, no sabia què fer, perquè encara esperavem que tornaries: tot era preguntar-me per ont

havieu passat, a quina hora havia sigut, com eren
els dos homes i lo que havien dit; després me va
renyar perquè ls obria la porta, perquè no ls
deia que no eres a casa. I jo plorava com si
tingués la culpa de tot. Aquella nit no vaig
poder dormir quasi bé gens, fent pensaments
desesperats de lo que podia passar-te, de la
trista vida que fariem a casa sense tu, dels
passos que s'havien de fer l'endemà, de lo que
m'havien dit pera aconsolar-me, dels molts po-
litics que havien agafat la nit passada, què sé jo
lo que vaig pensar; però sempre m tornava allò de
que no ls havia d'obrir la porta an aquells malca-
rats, i aleshores me venia una passió de plorar...
A punta de dia m vaig poder ensopir una mica a
l'ultim; però al cap de poca estona sem va trencar
el sòn i em semblava que no podia esser que no
fossis a casa. Quina nit més trista i més llarga! I
qui m'havia de dir aleshores que n vindrien moltes
de més desesperades!

—Bé, bé: ara ja està passat. Miri, miri aquell
pobre coix que s'agenolla a davant de la Cova.
També porta un ciri com els altres. Si n deuen fer
de cera amb aquesta Mare de Déu! Té: ara aquella
noia s renta a la font: sembla que té mal d'ulls.

—Com s'hi afanya, pobreta! I diu que és tant
bona aquesta aigua.

—Si un té fe en la Mare de Déu, jo crec que
sí; però penso que és la fe lo que cura i no...

—Calla, calla, que Nostre Senyor te podria

12

castigar. Saps el teu pare, que no anava mai a missa? Doncs quan vam saber que t volien matar se n'anava cada dia a la Catedral i pregava davant d'un Sant Cristo que hi ha darrera de l'altar major. Jo també anava a Betlem, i tant bé l'un com l'altre no hi faltavem mai a la cita sagrada, demanant a Déu pel nostre fill, perquè no t matessin, am tot el nostre cor, mullant les oracions am llagrimes. I ell ens ha sentit... Però una vegada l predicador de Betlem va dir desde la trona que Déu no volia que s matés a ningú, no més la gent dolenta, com els bandits que hi havia a dalt al Castell. Aquell predi- cador me va semblar que s tornava un butxí, el cor sem va trasbalçar, i, tota freda d'engunia, vaig fugir del temple. Després no més hi anava els dematins pera no sentir aquell home, i molts dies hi trobava una dòna vella que també resava pel seu fill condemnat a mort. I veus? Tots dos us heu salvat. Ell ha escoltat a les vostres màres, perquè devia recordar-se de la seva. —

No la vaig contradir, perquè a la seva edat ja no s cambía de pensament així com així, i perquè sentia que en el fons de la meva ànima hi havia una idea més forta que ella i que jo. Vam estar una estona sense dir una paraula: ella pot-ser resava a la Verge que tenia al davant com acció de gracies perquè li havia tornat el fill; jo rumiava l misteri d'aquests entusiasmes religiosos que esclaten en les ànimes indiferents temps ha, quan semblava que ja no coneixien el rastre de les creencies ancestrals:

una gran tribulació troba descuidada la voluntat, ajeu l'orgull de l'home, i les idees adormides se deixonden majestuosament i aconsolen l'ànima entristida am l'esperança del miracle.

Després la mare va contar-me que quan me van pujar al Castell, marxant sota la pluja i emmanillat com un perdulari, la vergonya de la caminada per la població encara els va fer més pena que l'empresonament. Aleshores va colltorçar-se la primera ilusió, la de fer-me sortir tot seguit. Les presons s'anaven omplint cada dia de gent de tota mena, i per la ciutat esglaiada hi corria com una alenada de terror. Aquella va esser la temporada més negra de misteri i d'esparverament social: els homes de la llei corrien per la ciutat escorcollant els pisos i emportant-sen els homes i les dònes.

*
* *

—Uns quants dies després vaig passar de bon demati per casa d'una meva neboda, que m va mirar tota plorosa i esparverada. Li havien dit que no men parlés; però a la primera pregunta sem va posar a plorar i a dir-me que ja ls diaris portaven el procés, que ja s'havia acabat el misteri i que ane tu t posaven entre ls més complicats. Mentres ella m'anava parlant, se m'escampava per tot el còs una fredor molla, i vaig estar a punt de caure desmaia-da. Plorava, plorava, i els ulls no donaven l'abast

pera la meva pena, i havia de cridar a davant de
tot-hom que no hi havia ningú tant desgraciat com
nosaltres. Al sortir caminava d'esma, enraonant-me
tota sola, sense veure a ningú, plorant sempre
aquella pena tant gran sense poder rumiar com era.
Una altra neboda va mirar d'aconsolar-me tot ron-
dinant de que m'haguessin dit tot lo que duia l
diari; però jo no estava pera res, i, sense mirar per
on passava, amb els ulls escaldats de tant plorar,
men vaig entornar a casa a dir-ho al teu pare i al
teu germà. Quin dia més desesperat, Déu meu, quan
men recordo! El teu pare i el teu germà ploraven
tant com jo, i tots sols allí en el menjador de casa
no feiem més que mirar al diari com si no ns en
sabessim avenir. Ells dos estaven acovardits i
quasi bé no gosaven sortir de casa: si jo m'atrevia
a proposar de fer algun pas, m'ho rebatien com a
cosa inutil, perquè estavem perduts sense remei,
tu condemnat i nosaltres am la vergonya d'esti-
mar-te...—

Jo volia distreure-la, però ella hi tornava, amb
aquell deliri de tenir-me a la vora seu, de poder-me
contar totes aquelles coses, a l'ultim. Sembla men-
tida que s pugui plorar tant, que l còs no s canci,
que l'ànima no s'acostumi a la pena. Si set mort
algú tens una gran tristesa al primer dia i després
te vas tranquilisant que no te n'adónes. Però an els
de casa la pena no sels en anava mai; él còs
no s cançava de tantes llagrimes, perquè cada dia
rebien carta meva, i al veure que estava tant

refiat de que no m passaria res, perquè allà no sabiem lo que s deia per fòra, cada paraula ls trencava l cor.

A l'ultim, a la tarda, diu que l pare i el meu germà van sortir a rebre desenganys: llevat dels parents i uns quants amics, tot-hom els va girar l'esquena. Els que abans s'oferien, ara s negaven a fer res, i fins n'hi va haver que per treure-sels del davant van dir an el meu germà que m fusellarien. I ell, pobre, no ls ho gosava a dir an els pares i se n'anava a fòra de casa pera descançar-s'hi de les seves engunies. Els escurniflaires no van tornar més a casa meva, i un pobre d'esperit que abans era amic meu va dir que jo havia donat diners pera preparar el delicte.

—I saps en D'això? Doncs...—

Aquí la mare anava a fer-me l'historia de les desilusions que van trobar en moltes cases, però li vaig dir que en el meu cap ja n'hi tenia massa de coses que m costava oblidar, i mai he volgut saber res dels que van negar-me ni dels que m van fer mal. I penso que si molt convé després van remoure-ho tot pera salvar-me ls mateixos que de primer m'havien ensorrat. És que aquell dia la Justicia havia parlat i am la seva veu infalible senyalava als avorrits de la llei. La suggestió de l'idea absoluta cremava en l'ànima de les multituds enlluernades, i, encara que després la monstruositat de la pena va tornar-me la confiança dels bons cors, d'aleshores ençà he sigut sempre un esclau, una victima de la

sospita primera, un home tarat que és millor par-
lar-li de lluny perquè no t perdi.

Aquestes idees les rumiava abatut a la vora del
Gave, i aquí a ran del Bidassoa encara hi he pensat
moltes vegades passejant-me sol per aqueixes ribe-
res del meu desterro, apartat de tot-hom pera no
tenir la pena de veure com me desamparen al saber
que soc un avorrit de la llei, un home que s'ha vist
empaitat per la Justicia. Per aquell dia ja n'hi ha-
via prou de la trista historia, i per això, exaltada la
pena pels records, ens en vam anar d'aquell lloc
ont haviem gojat per primera vegada l'alegria idili-
ca de trobar-nos sols i de sentir-nos ben lluny dels
que ns avorreixen.

*
* *

Més tard, un troç avui, un troç demà, tal com
s'ho portava la conversa, he anat coneixent els
episodis d'aquesta tragedia interior llarga i terrible.
Els cosins que no deixaven a la mare, els amics
que aconsolaven al meu germà, l'esperit desespe-
rat de sacrifici que en les hores cruels animava an
els que més estimo, me donen una gran força pera
resistir les desesperances de la vida i una fe infi-
nida en la sublimitat de l'amor humà. I an els or-
fes que l neguen perquè no n'han sentit mai les
dolces caricies, i an els esceptics que l'arreconen
com un sentimentalisme d'altre temps, jo ls res-

ponc que l'amor dels meus m'ha salvat la vida i els demano que m'ensenyin quelcom de més gran que l'amor de l'home. Moriran els orfes que no l'han pogut coneixer, passaran les idees filosofiques que l rebaixen i l'amor quedarà com la flor de la vida pera temperar amb el seu aroma les rancunies dels oprimits i les penes dels que sofreixen.

El pare s va vendre unes terres que tenia pera fer diners, i a casa s'ho havien empenyat tot pera salvar-me; el meu germà deixava ls seus negocis fins a l'extrem de perdre tot lo que hi tenia pera pensar no més que en la meva salvació: encara no ls deien que algú podia fer-me bé, corrien a guanyar-li la voluntat am llagrimes d'amor, i sempre, sords an els reganys, no sentint-se de la fredor indiferent dels uns ni del mal cor dels altres, que ls retreien imaginaries faltes meves, més convençuts de la meva ignocencia com més acusacions me carregaven, corrien per tot arreu, i encara sempre ls quedava un remordiment de que no feien prou pera mi.

El pobre pare, que no plorava mai abans d'esser jo pres, semblava una criatura d'ençà que sabia que m volien matar. Perxò no tingueu por que cap dissabte faltés a la carretera pera pujar-me roba i diners, sempre prou fort pera anar an aquella romeria, mirant d'estovar el cor dels que m guardaven, demanant pietat pel seu fill tancat allí dalt, pobret, sense l'amparo dels que l'estimen. En arribant a casa s trobava masegat i deia: «Jo soc mort, m'afogo quan camino, i si maten al Pe-

ret no podré viure. M'afogo, m'afogo. Jo soc
mort». Els ulls, escaldats de tant plorar, se negaven
de noves llagrimes, i, en el desconsol de sentir-se
tant vell i tant desgraciat, l'amor an el seu fill se
cargolava enlluernador en una revolta de l'ànima,
com si l cor li digués que encara podia venjar-se
si m mataven.

I encara ell no sabia moltes coses que l meu
germà callava pera no trastornar an ell i a la mare.
Quan me van llegir el parer del fiscal, que encloïa
la pena de mort, el defensor va demanar-me que
tingués llastima dels de casa i que no ls ho digués.
Aquell dia no ls en vaig parlar; però al cap de dos
dies van donar-me una carta del meu germà tant
plena d'esperances, tant desconeixedora del perill,
que m va fer venir esgarrifances de fred. Era cruel
deixar-lo més temps en aquesta ignorancia, i aquell
mateix dia li van dir la pena que volien posar-me
i va semblar com si s'hagués tornat boig. A casa,
després, s'havia de violentar horriblement pera no
esvair les esperances dels pares amb un desengany,
i els vespres i a tota hora, a casa del defensor o
de l'amic més intim, se n'hi anava com estabornit
pera asseure-s on no fes nosa, i alli plorava silen-
ciosament, atormentat per idees selvatges.

I per sobre de tot surt l'imatge de la mare,
sempre valenta en el seu trastorn: ella, que de pri-
mer no la deixaven presentar-se enlloc, que s can-
çava de fer un quart d'hora de cami, i que ara,
quan les coses anaven malament, trobava forces

pera córrer a tot arreu i tenia esperit pera defensar-
me a davant de tot-hom. A casa, tota sola, s'esbra-
vava, i diu que de vegades dels pisos de sobre la
sentien plorar: «Trista de mi, com quedaré si l
maten? Senyor! Senyor!» Les llagrimes l'ennue-
gaven, i les meves cosines, que cada tarda anaven
a fer-li companyia, la trobaven mig morta de tris-
tesa. Però si sentia parlar d'un pas que podia
salvar-me, d'alguna visita que s podia fer a qualse-
vol que conegués els que intervenien en la causa,
el cançament se n'anava, i tot seguit, la cara roja
de tant plorar, vestida a corre-cuita, se n'anava
allà on ·li havien dit, sense deixar-ho mai pera
l'endemà.

Quina pena sentir-li contar les respostes fredes
que rebia, la dignitat am que contestava an els que
tenien la mala ànima de maltractar-li l fill en lloc
de consolar-la! I com aixampla l cor el saber quins
són els que sempre la van rebre tant bé, plorant
amb ella devegades! Després, anant pels carrers,
s'apartava dels que no més pregunten per xafarde-
ria, i s'aguantava pera no donar greix an els dolents
que disfruten am la pena dels altres. I, enclosa a
·dintre d'aquell cercol d'amistats, que s'aixamplava
quan les noticies eren bones i s restrenyia quan
se veia segura la meva mort, sentint per damunt
d'aquesta muralla la bravada de la multitud credula
i enlluernada sempre per la Justicia, anava fent,
sense adonar-sen, l'experiencia de tota una psico-
logia del dolor, i s presentava sempre senzilla a

davant de tots, una dòna de planyer per les seves penes i digna d'admirar-se perquè les soporta amb orgull.

*　*
*

Mentrestant s'acostaven les hores mortals. Cada vegada les punyalades eren més fondes, fins que va arribar el dia de saber la pena de mort. Veieu com m'ho va contar la mare:

—Ja feia dies que m'amagaven alguna cosa, perquè l teu germà s guardava les cartes teves i no més ens deixava les que no deien res de·nou. Jo, ja ho veig, pobre xicot, ell ho feia pera no entristir-nos més, el teu germà, de no dir a casa lo que passava; però nosaltres dos voliem que ns ho diguessin tot i ens feia quimera de no saber-ho.

»Parlaven de que aviat se faria l Consell de Guerra, de que al Castell hi havia molt de tragí, i el teu pare ls dissabtes venia de la carretera carregat d'histories llastimoses, de mentides esperançades quasi sempre, parlant dels militars que se li havien quedat la teva roba pera fer-te-la pujar. Sentiem que la cosa anava depressa, i unes estones pensavem que encara ho anava poc i unes altres teniem por de que no hi hagués temps de mirar-ho tot pera fer que sortissis en llibertat. No sé com no vam caure malalts d'engunia, perquè a la nostra edat no s paeixen tant bé com això aquests mals-de-cap.

»Cada dia anava a la Boqueria de bon demati pera veure al cantiner del Castell, un home d'edat, que mai volia dir res de vosaltres; però, perxò, jo da-li que da-li, sempre li preguntava si estaves bo, i, a la parada aont ell comprava, un dia una dòna, sense més ni més, va dir-me que ben segur que t fusellarien el mes entrant. «Reina Santissima!—vaig fer jo.—Fill meu del meu cor! Reina Santissima! Senyor!...» I, desesperada, corrent i plorant com una Magdalena, vaig anar-men a casa del defensor. Pel camí m'enraonava tota sola i em venien ganes de deixar-me anar a terra, a tot arreu, com si m'hagués de morir desseguida.

»No n va dir poques de coses aquell home pera aconsolar-me; més ell ja ho veia que no mel podia creure. Que no, que era mentida, que ell ho sabia del cert que no m matarien, que tot lo més uns quants anys de presiri, i mentres esperariem l'indult jo vindria a viure a la vora teu i cada dia ns veuriem. Lo que m consolava més que totes aquelles reflexions era l pensar que l teu defensor era un home de bé, un home de conciencia, que faria lo que podria pera salvar-te. El cas és que al sortir de casa seva ja vaig poder aguantar-me fins a casa; però, aixi que ho vaig dir an el teu pare, altre cop se men va anar tot el consol.

»Allò no era viure, aquella pena no parava mai d'atormentar-me, i a casa en tot lo dia ningú va tenir gana de menjar. Quan me rendia l candiment, mastegava pa mullat de llagrimes. El teu germà ja no s va quedar la carta aquella tarda, i justament parlaves de la pena de mort. Ell, que volia arribar a cent anys, pensava jo, recordant-me d'allò que deies tu de que a l'arribar a cent te plantaries, haver de morir al cop de la joventut sense haver fet cap mal. I a Nostre Senyor i a la Mare de Déu els demanava un miracle, resant de genolls, am tota l'ànima. Si n vaig fer de pensaments i pensaments! De quan eres petit, de quan vas dir-me que estés contenta que mai més te ficaries en la politica, dels plans que feies de la teva carrera, de quan van agafar-te, d'una carta que vas escriure an el teu pare dient-li que encara tornarieu plegats a Vallvidrera, de la mala idea que vam tenir de fer-te estudiar; què sé jo lo que pensava. Després, no sé, el cap se me n'anava rumiant lo que t diria a la capella, i t'abraçava i t'omplia de petons i m'arrencaven del teu costat pera sempre, i jo cridava: «Peret, fill meu, fill meu, fill meu...» I plorava, plorava...—

Vosaltres, els que llegireu aquestes impressions desesperades, heu de pensar que tot això us ho diu la vostra mare si voleu sentir lo que jo sento: les paraules totes soles no poden suggerir aquests estats d'ànima.

Lo que m fa estrany és que no m somniés gaire sovint, perquè jo, cada nit, quan m'adormia, després d'una diada de terror, m'escapava de la presó o em donaven permís pera sortir i no hi tornava. Un cop ja era a França, quan me vaig despertar ajegut en el llit de munició: maquinalment vaig allargar les mans fins a tocar les parets del calaboç, i el pit sem va carregar d'una pena pesanta al pensar que no sortiria viu d'aquella casa. I ara, en el desterro, cada vegada que la rancunia dels que m volen perdre m'ha trasbalçat l'ànima, esgarrapant-la am les ungles del perill, he tingut un somni desesperat, que m lligaven de colzo a colzo, que m duien a una presó negra, molt negra, que m'atrapaven fugint pels carrers i em trobava voltat de baionetes; coses d'aquestes que fan més terror en somnis que en la vida, perquè l cervell les evoca bufant les cendres de les engunies mortes.

Diu que no més va somniar-me dos o tres cops que era petit i em duia a coll i li pesava. Però una nit sí que m va somniar ben gran, com si aleshores mateix hagués passat. Somniava que aquella nit, mentres dormia, havien trucat a la porta. «És el Peret», va dir tot despertant al pare, i, corrent a la porta, va preguntar «Qui hi ha?» Quin salt li va fer el cor al sentir-me am veu baixa que li responia: «Obri». «Que véns tot sol?» «No: hem fugit amb un altre. Obri.» I, oberta la porta, li sortia una cara estranya, esgarrifosa. «Aquest no ets tu. Vésten.» «Soc aquí, mare.»

M'havia vist a darrera de l'altre, i a l'obrir els braços la sotregada del cor la va despertar. Mai més va somniar lo que m passava; i ara, quan m'ho conta, enlluernada pel misteri de les evocacions nocturnes, me diu que aquests somnis li anunciaven

sempre un gran trastorn. Pobra mare! Ella no veu
que cada dia l tenia aquell trastorn, tant si somniava
com no.

Com pot explicar-se lo que ns passa en aques-
tes epoques d'emocions, en que cada dia té la seva
historia? Hauria d'anar apilotant aquí gemecs i
llagrimes que no tindrien ni un pensament de rea-
litat, perquè de *plor* no més n'hi ha un en el llen-
guatge, i n'esclaten de mil maneres en la vida. La
desgracia refina i esmola la sensibilitat de l'home,
i així passa que una cosa de res descapdella l'ima-
ginació malalta i revifa la flama esmortuida del
dolor.

I si n van tenir de raons veritables o illusories
pera recaure! Quan no ns ho podiem esperar, té,
me separen dels altres presos i em tanquen tot sol
en una quadra fosca, humida, minada per les rates,
un estable pera un cavall, amb abeurador i tot, i
menjadora. Per la diada de Nadal, quan les families
dels altres presos els pujaven menjar al Castell, se
presenta a casa un desesperat i els diu: «No n'hi
pugeu de menjar an el vostre fill. Ai, no! No n'hi
pugeu, que li tirarien metzines pera matar-lo: que l
matin ells, si volen». I, després, a prop de l'acaba-
ment, un dematí reben una carta sense firma dient-
los que acabaven de baixar-me al soterrani, setanta
esglaons sota la Plaça d'Armes, a la mateixa celda
dels condemnats a mort.

*
*   *

Tal com havien pujat al Calvari, van baixar-lo després d'arribar a assolir-lo quasi bé: a tomballons de l'una roca a l'altra, pensant estimbar-se a cada punt, però baixant sempre cap a la plana trista del desterro. Quan heu passat una gran pena, quan un ha sofert un cruel dolor, no més el pensament de tornar-hi a caure, la por de trobar-s'hi un altre cop, esparvera més que la mateixa desgracia: en el cervell s'hi deixonden els records de tots els sofriments a la vegada.

Ara, quan ne parlem, la mare s retorna recordant aquella lenta resurrecció, aquell llarc despertar d'un somni apocaliptic en que l'ànima entresonyada marxava a les palpentes per la boira d'una realitat dubtosa. Un gran avorriment, unes ganes d'acabar a l'ultim, els feia trobar els dies llargs, els ensopia, aplanats pel cançament moral. Jo ls escrivia cartes avisant-los que no s deixessin anar, perquè l còs s'aguantava ferm a davant del perill, i, un cop passades les grans engunies, se relaxa i aleshores la malaltia s'hi fica a dins traidorament a nodrir-se am les cendres de les tristeses mortes.

—Però, escolti,—li pregunto a la mare;—vosaltres, que sabieu tot lo que s treballava per mi, aviat us devieu assossegar?

—Quan de primer van condemnar-te a vint anys de presiri,—me respon ella,—aleshores que jo t'ho vaig escriure i tu no volies creure-ho, ja vam pensar que no t matarien. El teu pare va dir: «Ara que sé que no l fuselleran, no vui plorar més».

Oh, i no va plorar més, no, fins a l'ultim. Jo, veu-
ras, alló de que t tanquessin a presiri... De primer
ja m'hi hauria conformat, ja; peró després totes les
penes me semblaven massa grosses, perquè pen-
sava: i què ha fet ell perquè l castiguin? Lo que
volia és que tornessis aviat a casa; peró cap a la
darreria no sé com va esser què ns van desenga-
nyar. Mira: saps aquell pollastre que t van regalar
dos dies abans de caure pres? Doncs vaig guar-
dar-lo fins a l'ultim, am la taleia de que tornaries.
Va passar la Mercè, va passar Tots-Sants, va passar
Nadal, i els Reis i altres diades, i el pollastre cantava
a la galeria... «Encara ns el menjarem plegats»,
deia jo; i al veure que tant mateix no tornaves,
ni pensaments, mel vaig vendre per Pasqua. Déu
men guard de coure-l no essent-hi tu. —

I aqui la sentirieu parlar amorosida de totes les
reliquies que m guardaven pera quan tornés. Men-
tres vaig estar a la presó, a casa no va fer-se ni una
festa: les grans diades no més s'hi coneixien en
que m trobaven a faltar més que mai, tots ells, i
devegades ploraven tot menjant. Tot lo que sem-
blava una petita manifestació de goig era rebutjat
com un sacrilegi: diu que de castanyes ni pana-
llets ni turrons no sen van treure a la taula ni un
sol dia. La mare arreconava religiosament tot lo
que podia agradar-me quan tornés, i, terroç a
terroç, havia recullit una paperinada de sucre que l
meu germà portava d'un a un del cafè. Ella s re-
cordava de que jo l solia pendre a casa. La confi-

tura d'America, que era un present dels cosins d'allà baix, va quedar-se a l'armari sense que l toqués ningú, i una ampolla de canya veritable i altres lleminadures que ni menos m'agradaven, tot ho arreconava ella, i mirant-se aquestes coses se li aixamplava l cor. «Que content estarà,—es deia,— de veure que l'hem esperat tant temps!».

Tot això no ha servit, perquè a casa ni menos hi vaig poder tornar. I ara no n tinc de casa, perquè ni l meu pare ni l meu germà hi són, lluny de nosaltres.

*
* *

Els dos dies abans d'arribar a Barcelona la nova de l'ultima sentencia semblava que no havien d'acabar-se mai, i, pera més martiri, pera fer-ho gruar més, havien avisat de Madrit el dia i hora que se sabria l desenllaç. Al demati de la gran diada, a casa meva tots s'espantaven d'haver de passar dotze hores més encara: si voleu compendre les emocions que vénen, ja cal que esmoleu força la vostra ànima pera arrencar-li la sensació d'aquell neguit que anava creixent sempre fins arribar al paroxisme. Era un desfici, una cuiçor pessigollaire en l'ànima, que no podia reposar ni fixar-se en res. En dies com aquests comences totes les accions imaginables sense acabar-ne cap: totes les feines impensades t'atreuen voluptuosament i et fastiguegen aixi que les comences; el cervell, tot esvalotat i febriscitant, no pot deturar-se a rumiar cap de les idees que passen esbojarradament; te poses a menjar pera entretenir-te i ho deixes tot seguit perquè no tens gana.

Cap a les vuit del vespre l meu germà havia de deixar-se caure a casa d'un amic que rebria l telegrama. Els pares, quan se va fer fosc, van entrar en la febre paroxista del que ja no sap quants minuts falten pera esser feliç o morir-se de pena. Sota ls cabells blancs s'encabridava l'ànima amb un entremaliament de jovenesa, el cor rebotia contra la caixa llençant am furia a dins de les arteries la sava aigualida de la decrepitud. Tot era mirar el rellotge, caminar, asseure-s desseguida, escoltar religiosament el trepig dels que pujaven l'escala, i a cada desengany recomençar les queixes contra l meu germà perquè no venia a refer el dubte de si hauria ja arribat el telegrama. I en el fons del neguit llenceu-hi un clar-obscur d'esperances i terrors que ls trasbalçaven, la dança macabrica de tantes visions tristes i alegres, l'engunia del presiri, de la visita entre les reixes, el goig de la tornada, el dia de la llibertat, les llagrimes de joia i desconsol que s congriaven, tots els records de les hores desesperades que s'empenyien en tropell pera revifar-se o morir.

Ja era fosc, tocaven les vuit, les nou... i ell no venia. Els gestos prenien una majestat d'ansia suprema. Les idees bojes cremaven el cervell, pas-

sant furientes com un llampec. Qui sap? Potser
l'han condemnat a mort i no ns ho volen dir.
L'ànima, masegada de tanta lluita, cridava: «Prou!
Pietat!». El pare no va poder més, i amb un petit
tremolor de fred va ficar-se al llit; la mare, no: ella
sabria lo que passava, i va sortir. Tant aviat volia
posar-se a córrer pera esser-hi més aviat, com escur-
sava l pas davant del terror d'una pena cruel. Oh!
aquesta darrera caminada cap a la Terra Santa des-
prés de vuit mesos de ruta fadigosa, quan allà baix
se veu extendre-s la mà implacable que disposa
entre la llibertat i la mort.

A l'arribar a casa de l'amic, tots varen tenir
llastima d'aquella mare valenta que volia saber la
veritat, tota la veritat. I d'en mica en mica, pera
no ferir-la d'un cop, li van dir que ja ho sabien,
que no era segur, que semblava bona la sentencia,
que l telegrama no era prou clar, que res de mort
ni de presiri, però, presó... qui sap?... és a dir,
sembla que tampoc és això, que s tracta d'altra cosa
que podria esser l'absolució, encara que no ho
sigui, la llibertat probable... certa... sense dubte.
Si ja ho sabien feia dos dies i no ho gosaven dir
fins que ja no s pogués tornar endarrera. Així la
sensació va anar assoleiant l'ànima lentament, sense
l tropell que era de témer. Tota la pena anava
pujant del pit majestuosament pera fluir en llagri-
mes. Els altres reien, esvalotaven, i ella també volia
riure i plorar mig sofocada. Aleshores va pensar
amb el meu pare, i ningú la va poder deturar.

Ara sí que corria. Pobret, que encara està amb aquell neguit! Li va venir una gran pietat per ell, que sofria, i, com si ella fos una estranya, va posar-se a joir l'alegria del pare. «A veure què farà quan li diré», pensava. I caminava més depressa. A dins del cor semblava que hi tingués un vol de rossinyols que cantessin. Pel camí no podia escoltar-sel, i encara no s'havia aturat un moment a rumiar tot lo que volia dir l'absolució: a casa, en el temple familiar, era on s'havien d'aclarir aquelles coses.

El pare la va sentir que obria la porta. Mentres ella escorcollava l pany a les palpentes, ell va sentir el vertic del neguit que l trasbalçava: la clau del misteri era allí, a quatre passes. Va agenollar-se sobre l llit, tremolant dents contra dents, saccejat per una emoció de tot el seu còs, masegat de sofrir. La mare, corrents, entra a l'arcova: ell volia cridar i la llengua se li emborbollava.

—Què hi ha?

—Absolt, l'han absolt!

—Cah!

—Sí, sí, la llibertat!—

El goig suprem begut d'una glopada: ell sol, ell sol l'ha recullit d'una boca que no estalviava l plaer: del paroxisme del neguit al paroxisme d'alegria. Quan un no queda al seti en un cambi així, ja pot donar raó del goig suprem. La mare s va deixar anar a sobre una cadira, mirant-sel plorar. I ell, de genolls, les mans plegades i alçant els

ulls enlaire, cridava singlotejant, emborbollant-se:
«Senyor! Déu meu! Senyor! Que ns has sentit!»
I, amb aquell tremolor sublim, el llit en pes se
remenava.

En tot el veinat no se sentia el més petit soroll:
no feia un halè d'aire. I en aquella arcova isolada
del món que marxa sense escoltar aquestes mise-
ries, la tragedia interior va allargar-se gran part de
la nit. Les llagrimes fluïen suaus, silenciosament,
fonent tots els dolors glaçats en el cor, arrosse-
gant el llevat d'engunies que hi quedava.

* *
*

D'aquell dia ençà tot és boirós: les impressions
més fortes les passavem al mig d'un estaborniment
que mantenia l'ànima entre dos llustres. Desseguida
va venir la veu de que tots els processats aniriem a
parar a una colonia de la costa africana de ponent,
entre l Desert i l'Oceà. Això era pitjor que l presiri
a la Peninsula, perquè incloïa la separació, potser
per sempre, la mort en aquelles terres de la febre.
Però és això: semblava que estigués esmossat el cor
i que no pogués sentir cap pena pel nou perill. Al
cap de pocs dies va començar a parlar-se de des-
terro. La cosa anava somorta, com si no hagués
d'acabar-se de molt temps.

Un demati, quan menos s'ho esperava la mare,
va saber que aquella tarde se m'endurien a França.

No m volia deixar passar el desterro tot sol, i aviat ho va tenir tot a punt pera seguir-me. Sen va anar a la plaça a comprar i a despedir-se d'aquelles bones dones que m'havien vist a centes vegades quant era adolescent: totes se recordaven del bordegaç que estudiava una carrera. La mare ls va dir que a la tarda m treurien del Castell i que ns en aniriem, i elles s'ho deien cridant de l'una a l'altra: «Mira, tu: és la Maria, que sen va amb el seu fill». I d'alegria totes ploraven.

I aquí deixo l'historia en aquestes llagrimes dels estranys després d'haver provat de contar les que ls costa an els de casa aquest amor tant gran que la sava ardenta de la joventut m'ha fet sentir pels que pateixen.

Hendaya, Agost 1897

EL CASTELL JA ÉS LLUNY..

EL CASTELL JA ÉS LLUNY...

I tant lluny com és! Calmes, valls, rius, montanyes hi ha entremig. Soc lliure!

Però mai hauria dit que m passés lo que m passa. Me sembla que hauria d'estar molt alegre i estic molt trist. El record dels pobres companys de captiveri llençats a lo inconegut d'una lluita per la vida en terres estranyes llunyanes de la seva, tenyeix d'un color melanconic les meves alegries. Pobrets xicots! No puc avenir-me a fruir per mi sol, i per això m toca patir, patir sempre, pensant amb el dolor incurable.

Després, que les penes també s'anyoren. Fa una llei de cosa deixar pera sempre ls llocs on s'ha sofert! Sembla mentida! Quan caragolava per darrer cop la marfega de palla on tantes vegades m'havia ajegut corprès pel desconsol, sentia una gran pena fonda i silenciosa rosegar-me l cor. Aquelles fustes i bancs de ferro que m servien de llit havien vingut am mi de l'una part a l'altra desde que vaig entrar al Castell. És un misteri de l'ànima humana aquest antropomorfisme imaginari de les coses que ns rodejen. Pensem que elles gaudeixen am les alegries de la nostra ànima i que s condolen de les seves penes, i els en sentim grat d'aquesta germanor.

Per això, baixant montanya avall, quan la ciutat natal se desplegava als meus peus i a cada pas reconqueria velles visions de llocs i coses, siluetes de montanyes que no pensava tornar a veure mai més, d'en tant en tant el cor se me n'hi anava, allí dalt del Castell; i és que a darrera d'aquelles negroses muralles hi tinc tot un any de la meva joventut, grapats de records esgarrifosos d'aquest temps de la meva vida passat entre les reixes en l'edat voluptuosa dels amors infinits.

*
* *

De primer va esser el comiat d'amics i parents. Els uns m'esperaven a la carretera i els altres a l'estació del camí de ferro. Abraçades, plors, estretes de mà, paraules encoratjantes o desolades, segons qui les deia: de tot hi va haver, llevat de l'alegria que jo havia esperat i que no hi era. El pobre pare, vergonyós com jo, isolat, a darrera de tots, plorava.

Jo fruïa, per això. Per què no dir-ho? Per què no hem de presentar-nos tal com som? Per què

tants fingiments i tant fer esment de lo que ns
enlaira a davant dels altres, i tant callar-nos les
petiteses que ns posen a ran de lo que som? Sols la
veritat és bella. Quan sé que algú m'avorreix, mal
no m pugui donar goig ni alegria, me poso trist;
però aquell dia, veient de la finestra estant a tots
els que m covaven am llurs mirades carinyoses, vaig
fruir intensament, perquè m'agrada que m'estimin.

Treient el cap per la finestra mels vaig mirar,
mentres el tren se m'emportava, aturats allà baix
com si esperessin algú. De vegades me sembla que
tinc l'ànima esmossada de tantes emocions passa-
des en un any. Tant que me l'estimo la meva
Barcelona, la sola patria que tinc, i ni ella ni ls que
deixava potser pera sempre van fer-me espurnar els
ulls. Ara que hi penso, els trobo d'anyor; però
aleshores ni vaig atinar a mirar-me la ciutat per
ultima vegada.

En arribant a la primera estació vaig acomia-
dar-me a corre-cuita d'un amic del meu carrer, un
bon xicot que s va quedar tot trist: potser pensava
que erem els ultims de separar-nos nosaltres dos de
tota aquella colla que corriem com a dimonis fa
vint anys, jugant inconscients de la vida. I ara he
sabut que mentres vaig estar empresonat, corprès
d'un religiós afecte, anava cada dia a preguntar per
mi, enguniós pera saber si ja era segur que no m
mataven.

Després, més amunt, van quedar-se ls altres,
els que m portaven entre mig d'ells pera defen-

sar-me com ho havien fet fins aleshores, els que
podien parlar per tots els que no l'avorreixen al
rebutjat per la llei. El tren va rependre la fugida
cap a França, i a dins del vagó vaig quedar-me am
la mare valenta que m'acompanyava en el desterro
i un home d'autoritat que m portava a fòra d'Espa-
nya desterrat per dolent, pobre de mi, jo que no
puc voler mal ni als que m desterren!

Un cop a França, i sols la mare i jo, ens vam
quedar amb el neguit de no saber si ns hi voldrien.
Quin espant li va donar a la mare un *caporal* que a
Port-Vendres va pujar an el nostre vagó. «Calla»,
me feia ella quan anava a dir-li alguna paraula.
I és que l prenia per qualsevol cosa d'autoritat i
tenia por de que m'agafés si olorava que, parlant
en català, podria esser un dels desterrats de Bar-
celona. Mentrestant el tren marxava esvalotat,
deixant darrera seu montanyes nevades, estanys
febrosos i desolats, poblets terrosos perduts al mig
de planuries conreades, viles burgeses, rius i canals
a dojo, apilotant en el cervell munts d'imatges
serenes, les primeres que han vingut boirosament a
interposar-se entre un present descolorit i un pas-
sat sempre dolorós pels seus records.

*
* *

Quan estava pres, i cap a l'ultim, ara que les
coses filaven bé pera mi, moltes vegades me dis-

treia tirant plans pel dia que m deixessin anar.
Eren calcols reposats de viatges a l'estranger, amb
un punt de temença per les dificultats del viure a
fòra del país; dificultats que per lo segur de la sor-
tida no podia apartar del pensament encara que
vinguessin a vulgarisar la bellesa dels meus plans
imaginaris.

Però quan me trobava amenaçat de mort en
aquell calaboç ont erem dèu que cada dia comptavem
les hores que ns restaven de vida; quan, ajegut a
sobre la marfega i envolcat am la manta, no podia
dormir, amb aquell neguit que m'ofegava; quan,
després de voler aclarir el misteri de l'avenir, sense
trobar-hi en lloc una esperança, per un miracle de
la vida baixava un raig de llum en mig de la fos-
quedat de la meva ànima i pensava delitosament:
«Si per una d'aquelles casualitats que no més pas-
sen un cop a la vida, te deixessin sortir...» oh!
aleshores la llibertat sem presentava com un ideal
purissim, i, de pensar-hi solament, allò era aixam-
plar-se l pit i joir.

En aquells moments la realitat era massa lluny
pera vulgarisar els meus somnis, l'imaginació cam-
pava deslligada i boja pel seu món ideal, i jo m
trobava caminant banyat d'una llum mistica pel
mig d'una plana rasa, immensa com el meu goig
de viure. Després entrava en una regió montanyosa
i em posava a trascar montanya amunt fins a assolir
el cim més alt. Com més pujava, més lliure m sen-
tia veient als meus peus aixamplar-se la planuria.

L'aire frescal i pur entrava voluptuosament á dintre
l meu pit, i jo anava pujant sempre, sense can-
çar-me mai, fins a esser a dalt de tot. I allí, sota
l pes aclaparador de tanta grandesa, me deixava
caure defallit, sadoll de llibertat a l'ultim, tot con-
templant les amples onades de l'espai infinit rom-
pre-s als peus de la montanya.

La realitat ha vingut a esvair l'encisadora bellesa
del meu somni. El goig de la llibertat l'he anat tas-
tant de mica en mica per una gradació minvant
de plaers menudissims, en comptes de sentir-lo tot
d'un cop a l'esclat d'una emoció divina. De primer,
la vida salvada; al cap de temps, l'absolució; des-
prés, el veure a la familia; més tard, la sortida del
Castell cap al desterro; a l'ultim, la llibertat de
viure a França. Però, què val tot això al costat
d'aquell altre plaer unic, més gran que una vida,
somniat per mi? Oh! Qui havés pogut adormir-se
amenaçat de mort, pera despertar-se lliure aquí en
mig d'aquestes encontrades sempre verdes!

*
* *

Els primers dies del desterro ls hem passat en
ple idili, enfosquit no més de tant en tant per la
por de que no ns hi volguessin. Al cap de tres dies
el *maire* ens ha dit que no ns en donguessim qui-
mera i que podiem estar-nos a Hendaya fins que l
cor ens dirà prou.

Assossegats d'aquesta darrera engunia i alegres d'una joia tant temps estalviada, ens en anem cap a la platja del mar gran per un camí que hi ha tot a vora vora del Bidassoa, sentint la comunió dels nostres cors amb aquesta Naturalesa rumbejant de verdor. Allí l'herba molçuda creix per tot arreu, de dalt a baix dels turons que s'aixequen a la dreta del camí, i devalla fins a ran de les aigües marines aixecades per la maror alta. El riu aixampla l seu jaç de sorra pera rebre-hi dos cops al dia les aigües salabroses de l'Atlantic, que sembla com si hi entressin a reposar, tant silenciosa i planament s'hi extenen, i fa bo de veure-les amorosides jugar suaument am les plantes de la ribera.

A l'altra banda s'aixeca esquerpa i hardida la serra de Jaizquibel, jaça isolada i negrosa que s'avança resoltament cap a dins de l'Atlantic després d'abrigar en la seva falda Fontarrabia la Vella: allò és Espanya. Am la mare sentim la bellesa del paratge sense aturar-nos a mirar, perquè la conversa que tenim ens absorbeix, i solament quan caiem en llarc silenci pera rumiar una idea molt fonda que ha passat, devegades la mare s revifa primer i em diu: «Ah!... Mira».

Parlem de les coses que ja fa tant temps que rumiavem, de les penes que hem passat, de les poques alegries rebudes, esvaides tantost començades a gaudir, de lo que fèiem pera amancir la pena desbocada del dolor; jo parlo de les meves desesperances i ella m conta l consol que li donaven les oracions. Les preguntes que pensavem fer-nos van sortint, i de mica en mica ls misteris que semblaven impenetrables se resolen en viva claretat. De les nostres vides, sempre juntes fins al meu empresonament, n'anem enllaçant els darrers records. I totes les imatges evocades, totes les impressions que recordem, els pensaments i les idees bojes dels dies de plors, comencen a envolcar-se d'aquest ambient de pau que ara ns rodeja.

Així arribem fins a la platja i ens asseiem a la sorra a reposar. Enlloc se veu ningú: no més el mar canta l seu himne etern tot arrossegant per la platja solitaria els tres o quatre rengles d'onades blanques de brumera, i nosaltres, corpresos per la grandesa de l'espectacle, quedem embadalits mirant i callant. L'ànima meva s'enlaira cap a les regions serenes de lo inefable, i aleshores comprenc que allò que sento és el goig de la llibertat retrobada, el desflorament de tants desitjos que m feien viure de l'esperança de realisar-los i que ara m deixaven buid el cor.

Ens entornem mig tristos cap al poble, recant-nos el goig aquell que ja no tornarem a sentir. I és veritat que soc lliure, que no hi tinc de tornar més an el Castell de les meves angoixes? I és veritat que no més era això l plaer que tant delitosament esperava? Aleshores me cau a sobre l'anyorança de tot lo que he perdut, i la pobre mare plora tot pensant amb el meu pare, que està tant lluny, amb el meu germà, separat de tots, am la

tragica dispersió de la familia, am les simboliques
cendres de la llar esventades per l'oratge del des-
terro, am tot això que ella sempre hauria volgut
tenir a dintre de casa al tancar la porta, que tant li
havia costat reunir-ho am l'esperança de poder-hi
morir. Ara, d'ací endavant, parlarem d'aquells
temps en que viviem plegats a casa nostra.

Pel camí de Behovia, ombrejat per dos rengle-
res d'arbres atapaits de verdor, també hi hem pas-
sejat ja més languidament el nostre idili. Allí hem
parlat dels que ns estimen, de lo que han fet pera
salvar-me, de l'alegria que ns donaven quan ho
feien. Ella m'ha dit ont era que anava a plorar
perquè l'aconsolessin, i jo li he explicat això que
tinc, aquesta pena de mullar-sem els ulls amb una
foguerada que m puja de la gola sense poder arren-
car el plor que descança i assossega. Pensem en
els que ns han estimat, i això ns apartarà de la
temptació del mal, perquè en la nostra ànima no
més hi haurà bondat i amor.

I an els dolents estimem-los també, car ells no
hi tenen cap culpa; planyem-los per la desgracia del
llur malvoler, abeurem-nos amorosament en el clot
de fel de la llur ànima fins a aixugar-la tota i dei-
xar-la pura i nèta de maldat. Quina tristesa m fa
que la meva mare també maleeixi an els que m vo-
lien perdre! Me sembla que no és tant santa com
jo voldria, quan avorreix. Despullem-nos dels pen-
saments ronyosos d'oig i de rabia, de tirria i de
rancunia, d'aquestes flors del mal que emmetzina-

rien la nostra ànima. Estimem sempre, i, quan no'
tinguem prou força pera estimar, oblidem.

Després he tornat moltes vegades a la platja i al
camí de Behovia, quan la nostalgia m'entristia, i
mai més he pogut ressentir l'impressió fonda de la
primera vegada. L'idili s'ha acabat. Caminant més
lluny he arribat fins al pont que separa la França i
l'Espanya, i fins he traspassat les fites que parteixen
el domini de les dugues nacions; però tampoc he
trobat allí l'impressió que m'esperava, perquè la
gent de l'altra banda no diuen res al meu cor en
la seva llengua, pera mi desconeguda; i això de la
patria és una d'aqueixes paraules que per sí soles no
volen dir res. Altra cosa fóra si aquella gent par-
lessin com jo. No més anyoro l'ambient ont he
nascut: lo demés són conceptes que mai arribaran
a tornar-se sentiments.

*
* *

A copia de rumiar-ho molt he arribat a trobar
a raó de la meva desesperança i he pogut esvair
el neguit que ns atormenta quan no podem expli-
car-nos una emoció. Jo m trobava an aquí tot es-
trany, cambiat, arrossegant una vida d'entontament,
anant de l'una part a l'altra am la meva mare, sense
poder-me explicar bé lo que m passava, sense tenir
tant sols conciencia d'això, d'aquesta cosa.

No més sabia que aquesta llibertat d'avui no m

donava tota l'alegria qué me n'havia esperat, i
aquest desengany me servia pera explicar-m'ho tot,
complicant-ho amb el record dels meus companys
del Castell, escampats per tot, marxant cap a l'eter-
na separació i am la recança de no haver pogut
fruir aquell gran plaer de la llibertat sobtada. Però
com que l neguit inconscient no s'esvaïa, sense
donar-me compte d'on me vindria tot això, una sen-
sació aplanadora d'impotencia anava fonent de
mica en mica les forces de la meva ànima.

D'aquest cançament sí que me n'adonava, i tot
escrivint an els meus amics me feia compte de que
mai més faria res de bo i em deia que amb un any
de fortes vibracions havia gastat totes les energies
de la vida. Sense poder fer-hi més, recordava les
ilusions d'abans d'empresonar-me, aquella selvatge
confiança en mi mateix, l'empenta del meu esperit,
que no parava de donar-me la llum d'idees noves;
i com un acompanyament d'enterro anaven passant
per l'imaginació desolada tots els llibres que havia
pensat escriure. Tant que m dolia que m pren-
guessin aquesta vida, tot pensant en les coses
bones que imaginava poder-hi fer, i ara, que l'havia
salvada, té, viu d'esma, mort com un goç, sense
deixar el més petit rastre de llum darrera teu.

Que n'és de tragic l'espectacle del que, des-
prés d'haver somniat poder donar obres belles al
món, se troba, als vintiset anys, mort en vida, sen-
se haver fet res de bo, estabornit davant de les des-
pulles de la voluntat perduda, arrossegant el còs

pel món després de mòrta l'ànima. An el pobre
vençut de la vida no l trasbalça cap emoció, per-
què l seu cor és fred com el gebre, i no més pera
enganyar les hores que passen posa llei a les coses
petites, i tot ell és una miseria. La seva ànima no
més se commou am l'anyorança de les ilusions
mortes.

Començava d'explicar-me així l meu atonta-
ment, quan vet-aquí que dugues emocions fortes
m'han donat conciencia de lo que m passa. És un
fet psicologic que he observat en poc temps moltes
vegades, això de que una sotragada moral, remo-
vent les capes més fondes de lo inconscient, faci
arribar la llum de la conciencia fins a regions que
amb una vida del tot tranquila i reposada haurien
restat inconegudes pera sempre més. La Naturalesa
i un llibre m'han fet tocar un cop més el miracle.

Passejant pels afòres d'aquest poble m vaig per-
dre al mig d'un tou de montanyes desertes, sense
un arbre, i vestides d'espesses falgueres per tot
arreu. Quasi bé a dalt de la carena hi havia un
casalot voltat dels unics arbres de la montanya, i
per totes les senyals que presentava deuria servir
pera soplujar-hi l bestiar. El sol, a punt d'enfon-
zar-se darrera les jaces de ponent, ja no enlluer-
nava, i jo, lluny de poblat, apretava l pas, engu-
niós per aquelles tasqueres desconegudes, tement
que la fosca m'atrapés abans de trobar camí segur,
i pensant am l'ansia que passaria la meva mare.
Aquella soletat, aquell silenci de les montanyes

adormides i l'uniformitat d'aquella vesta de falgue-
res que s'extenia fins a perdre-s de vista, no sé si
era basarda lo que m feia, però prou seria una cosa
com això.

Seguint el camí m vaig trobar en una fonda-
lada frescal, i allí sí que n'hi havia d'arbres, i arbres
tant espessos que les branques dels uns se juntaven
am les dels altres, formant a claps una volta de ver-
dor a sobre l camí, sense que per això arribessin a
ofegar am la llur ombra la vegetació esbojarrada
de brucs, argelagues, falgueres i altres moltes plan-
tes desconegudes pera mi que ls pujaven garres
amunt. De primer la selvatge bellesa del lloc me va
distreure dels meus pensaments; però desseguida la
fosca que avançava de debò, i aquells sorolls i
ombres que s mouen i surten del bosc, van fer
més gran la meva engunia. Ara veia de tant en
tant cases basques amagades al mig de la verdor;
però am l'estranyesa que m miraven els seus habi-
tants i amb el saludo que m tornaven en llengua
estranya, vaig compendre que no m'entendrien.

Un basquinyo que dallava les falgueres de la
vora del camí, i que va saludar-me en francès, me
va ensenyar el camí d'Hendaya, i al cap de pocs
moments, al traspassar la carena d'una petita costa,
el poble sem va presentar ajegut als peus. Allí
vaig aturar-me a reposar segut a sobre una pedra
del segle XVIII, tot justament a la vora d'una
d'aquestes creus de fusta altes i desguarnides que
aquí s troben per tots els camins. Al davant meu la

maror baixa havia aixugat quasi del tot el Bidassoa,
i a l'altra banda del riu la vella ciutat de Fontarra-
bia clapejava de blanc la fosca verdor del Jaizqui-
bel. Cap a l'esquerra, i a la vora del riu, Irún s'ex-
tenia esbarriat, i, més enllà, jaients i més jaients de
montanyes espanyoles, i a l'esquerra la mar gran
que arrossegava bramulanta per la sorra ls tres o
quatre farbalants blancs de les seves onades.

A l'endemà vaig llegir una novela de costums
del país, l'historia de Ramuntcho, el pobre pelotari
condemnat a pagar lo que n diuen la *falta* de sa
mare, que havia estimat un estranger que passava.
Ramuntcho i Gracieta s'enamoraren desde l'edat de
cinc anys, i quan són grans i volen casar-se la mare
d'ella no vol deixar-la unir amb un bord i acaba
per tancar-la en un convent. Ell fa l proposit de
robar-la i s'ho ven tot pera fugir a l'America. Amb
el germà d'ella, que hi ve bé, quan tot està prepa-
rat, sen van cap al convent decidits fins a endur-se-
la per força; però pel camí les creus de fusta des-
perten en els seus cervells els antics terrors religio-
sos. *O crux, ave, spes unica.* La fredor de l'arribada,
la blancor i la pau del convent, la conversa am la
monja, asserenada i morta pera ls plaers de la carn,
la sang freda de la mare abadessa, que ls ha obert
la porta i els dóna un sopar de pa i llet i formatge,
tot desarma als dos amics, que un vent de revolta
havia dut fins allí. Segura de la força d'aquella sug-
gestió, la mare abadessa acompanya, junt am Gra-
cieta, a Ramuntcho i al germà d'ella fins al cap

d'avall del passeig d'arbres que hi ha davant del convent. I allí és el comiat pera sempre, fred i inevitable, i Ramuntcho sen va cap a l'America tot sol, sentint ja l'anyorança de la seva terra basca, que ja no tornarà a veure fins a les seves velleses.

El llibre acaba aquí, i en tot ell no hi ha ni una paraula que pogués explicar-me la meva desesperança. Però, junt amb el llevat del dia abans, amb aquella forta impressió de la Naturalesa, me va donar l'emoció creadora que havia de fer esclatar la llum en la meva ànima. La meva vida havia perdut la seva unitat: vet-aquí la clau del misteri.

Tot ho vaig veure clar desde aleshores. Quan estava tancat en el Castell tots els meus afanys s'encloïen en un: el de sortir-ne. Les meves illusions començaven sempre desde l moment de baixar la carretera; les meves engunies venien de pensar en les coses d'afòra que podien allargar la nostra presó; les meves accions les ensinestrava a la deria de la meva llibertat. La vida, en totes les seves manifestacions, s'aconhortava cap a la realisació d'un sol desig, i tot lo que m'hi acostava m donava goig, i tot lo que me n'allunyava m feia pena. La voluntat, a davant dels obstacles, s'enasprava i reprenia nova empenta fins a saltar per sobre; les forces totes de l'esperit, a l'acoblar-se, se donaven delitosa escalfor; i tot plegat me despertava una sensació mascle d'esplet de vida, de coratge pera lluitar a peu dret fins a la mort.

I ara vet-aquí la vida troccjada pels desitjos de

cada hora, boi perduda la voluntat per l'acció, i escampades les forces de l'esperit, que van a perdre-s d'una a una contra una dolça realitat. Semblo un cego caminant a les palpentes pel mig d'un bosc. Si encara no ho tingués tot apunt així que m llevo, si m trobés tot sol en el meu desterro, si tingués de guanyar-me l pa, quan ja m'ho hauria menjat tot, esperonat per la fam, me redressaria am coratge i pendria altre cop el gesto del lluitador.

Més així l'esperit s'empereseix, desitjós d'anorreament, i les carns se relaxen pera ensopir-se en un són que serà llarg. Deixem-nos-hi anar, ànima meva! Dormim, dormim. La caminada ha sigut inacabable i fadigosa per les rutes més escabroses de la vida, i ara l cós vol descanç. Tinc el cap ple d'imatges esgarrifoses i les orelles me retrunyen de crits que fan trencar el cor, i comprenc que amb aquesta càrrega la vida sem faria molt trista i llarga, i les coses que no són belles risquen molt de fondre-s amb el mal. Deixem que les impressions doloroses devallin al fons de l'ànima i restin allí com el solatge d'un record, pera despertar-nos després am la pensa transparenta i pura, prou asserenada pera infantar l'idea bella.

Dormim. Quan me deixondi encara seré prou jove pera començar una vida nova, i, refrescada la voluntat pel repòs, esperonada per l'anyorança del temps perdut, conhortaré totes les meves forces pera ensenyar an els que pateixen aquell gran amor que vaig apendre en els dies de sol d'aquesta trista caminada; aquell amor que és cego pera veure l mal, que no perdona perquè l perdó suposa una falta, i ell no més veu la bellesa de les coses.

Però ara, mentrestant, dormim i oblidem, ànima meva. Oblidem sobre tot, esvaim les darreres ombres, rancunia, rastre impur que l dolor va deixar darrera seu, i cerquem la bellesa d'aquelles penes que siguin massa fondes pera poder-les oblidar.

Hendaya, Juny de 1897

A RAN DEL BIDASSOA

A RAN DEL BIDASSOA

I

L'engunia és la companya dels desterrats, la seva vida va escolant-se en un mar de tristor. Sempre l mateix neguit mancant les alegries més pures, sempre l mateix corcor rosegant les illusions de llibertat. Són ben de planyer els avorrits per la llei: tot-hom se n'aparta com si tinguessin l'ànima arnada de ronya. I, recullits a casa, a l'hora del menjar se conten les seves miseries com els malalts de l'hospital.

Qui no ho ha sigut de desterrat no pot esser que s faci carrec d'aquesta vida arrastrada que sembla lliure sense esser-ne. Com si un aucell de gavia fos trasplantat de sobte a un nou món tot fet de planuries assoleiades. «Que és bell tot això!», pensaria l'aucell; i, alçant la vista delitós de volar sota la capa del cel purissim, quina fóra la seva tristesa si s trobés que l'ambient era tant tenue, l'aire tant lleuger que no s'hi podia sostenir malgrat l'esforç desesperat de les ales! Trobar que ls ferros no hi eren, que no hi havia ningú pera retenir-lo i no poder-hi volar! L'anyorança de l'infinit el mataria.

Els desterrats mai estan sols enlloc: per tot arreu *els forasters,* els homes de la llei, els van darrera pera espiar-los. Encara no pensen remenar-se d'on són, ja se giren de cada costat pera preguntar si s poden moure. Del món ells ploren totes les tristeses, perquè *ls forasters* descarreguen sobre d'ells les seves engunies. Els avorrits, els ronyosos, tenen la culpa de tot: apedregueu-los. Sempre porten damunt del cor el pensament d'aquest aixam d'homes extès per tot lo món, amagat entre munts de paper de barba, espiant de nit i de dia, rumiant la manera de fer-los mal.

Ells bé prou que amaguen lo que són quan arriben a una vila estranya on ningú ls coneix. Si algú ls vol posar amistat, sel treuen del davant am la por de que no li sabés greu quan ho sabria. S'aparten de tots els perfidiosos preguntaires que palpen la nafra per damunt de la roba, la nafra que no s veu i que sempre sagna. Però ve un dia que tot se sap, i pels carrers sels mira la gent i ls assenyalen amb el dit. Aleshores no aniran pas a contar a tot-hom que són ignocents, que no han fet res de mal, i encara si ho han contat an algú ls sembla que no l'han convençut. I és molt trist dir a un home tot lo que pot afavorir-vos i veure que encara us mira amb ulls que diuen: «Qui sap si és un dolent?».

Malaventurat del que s'hi troba pobre i desterrat i ha d'anar pel món captant el treball que li neguen perquè no ls encomani la seva desgracia. La fam serà la pena més passadora, perquè l'engunia no l deixarà menjar.

Feliços vosaltres, els que us podeu donar les més ignocents alegries sense tenir de dir: «I això no t'ho poden privar?».

Hendaya, Novembre de 1897

II

Quin misteri el d'aquests sorolls consoladors que us acompanyen en la soletat! Ara mateix, aquesta nit, m'he adonat d'això i se m'ha trasbalçat el cor. Jugavem a cartes am la mare, perquè ella s'hi distreu a l'hora d'anar-nos-en al llit. Una quietud estranya ns queia a sobre, així com el silenci d'una casa en que hi acaba de morir algú; una d'aquestes hores que totes les anyorances t'inflen el cor, que en el cervell se desvetllen macabricament totes les tristeses adormides. Les jugades se succeïen somortes, les cartes queien damunt de la taula acompassadament, i l'imaginació volava lluny d'aquí. De sobte la mare, sense fer soroll, sense saber d'on li venia l desconsol, ha començat a plorar: les llagrimes li queien cara avall, fluint silencioses, lentament. Jo he fét com si no ho veiés

—No sé, el cap se men va,—m'ha dit.—Me faig molt vella.—

Jo, res, ni una paraula, perquè aquestes triste-ses misterioses els consols les fan creixer, i m'he posat a sermonar una cançoneta pera esvair el mal temps. Però de mica en mica la quietud m'anava guanyant, i he sentit a dins de l'ànima com una revolta contra aquelles llagrimes i una mena de remordiment, com si jo sol ne tingués la culpa.

Pobra mare! Aquí en aquesta soletat sem va morint, lluny de la terra que no pensava deixar mai més, sense l meu pare ni l meu germà, no volent-me dir que ls anyora perquè no m pensi que s cança de viure sola am mi en el desterro. Quin mal me feu vosaltres que m perseguiu sense pietat, i quan me costa d'apartar del meu cap aquests pensaments de rabia que aconsolen am l'esperança de tornar tot el mal que ns fan i més encara! No us vui, no us vui: no més s'ha d'estimar: vui esser bo sempre.

Això pensava, quan, inconscientment, m'he girat d'esquena, com si cerqués alguna cosa sense saber què, i he vist el rellotge despertador sobre una lleixa. No anava.

—Miri: el *trip-trap* s'ha parat deu fer mitja hora.—

Vet-aqui la quietud aplanadora: trobavem a fal-

tar, sense adonar-nos-en, el seu trasteig airós, la
seva companyia, que ns ha seguit desde Barcelona:
un amic de casa. Perquè, sembla mentida, tant
petit, la companyia que fa. Li hem posat tanta llei,
que de vegades li parlem com si ns hagués d'en-
tendre. Pobre *trip-trap!* Li he donat corda i m'ha
respost desseguida, i am la mare, refets quasi bé
del tot de la tristor sentida, hem acabat de passar
la vetlla alegrament.

Hendaya, Novembre de 1897

III

Sortint d'Hendaya pel camí de la platja, tot a
vora del riu davant del cementiri, se troba un
pedriç solitari a l'extrem d'un terrer que cau espa-
dat sobre les aigües del Bidassoa, inflades per la
maror alta. Allí me n'anava moltes vegades cap al
tard a seure de cara a la ciutat de Fontarrabia,
recolzada a l'altra ribera als peus del Jaizquibel.
Els habitants de la rienta vila d'istiu encara s deuen
recordar d'aquell estranger jove i melancònic que
moltes tardes trobaven embadalit mirant les terres
prohibides de l'altra banda.

Totes les històries del meu desterro són rumia-
des allí. Aquells paratges tant alegres foren els
meus companys, i en ells la meva ànima s des-
cançava confiant-los les seves penes. Com és que

hi ha paratges que aconsolen? Les linies són allí
tant suaus, les montanyes són tant cobertes de ver-
dor, i les aigües del Bidassoa són tant quietes i
amorosides, que res hi trastorna l nostre esperit i
tot el convida a la santa pau. I una vegada post el
sol darrera les crestes d'Oyarzun, quan la claror
d'entre dos llustres comença a declinar, no hi ha
res que faci tanta companyia al desterrat com
aquelles aigües adormides reflectint la tristesa del
dia que va a morir.

Una tarda, encara men recordo, no vaig plegar
fins a molt tard. Les aigües pujaven, la maror crei-
xia lentament, i els regarons que esmicolaven l'am-
ple jaç del riu anaven engroixint-se a poc a poc
fins que s pintaven. Les gavines s'empaitaven joio-
sament, xisclant esbojarrades. Que n són d'hermo-
ses les gavines, blanques com flocs de neu! S'aixe-
caven a colles del troç encara aixut on les havia
vistes senyorejar una bona estona, i un cop enlaire
vinga volar de boig amb un enjogaçament d'ales
pueril. I així, a la volada, se prenien pel béc, s'em-
paitaven furiosament fent rebrincoles paroxistes, i
se deixaven anar com una fletja que s'anés a clavar
sobre les aigües; i allí, tremoloses, redressaven les
ales i altra vegada tornaven a llençar-se a la buidor.

Després tornaven a l'aixut, i allí també hi juga-
ven. Jo, sobre l terrer, segut en el pedriç solitari,
me les mirava delitós. Blanques gavines, m'agra-
daria jugar am vosaltres, esser el vostre amic! Jo
no us faria mal, no us empresonaria, perquè jo vui

la vostra llibertat. Vos caçaria l menjar perquè
m'aconsolessiu am les vostres caricies. Aquí, a la
meva espatlla, a sobre ls braços, abrigant-me l cap
am les vostres ales tremoloses, petonejant-me les
galtes amb els vostres bécs: així us voldria, i,
quan tinguessiu ganes de volar, un bon cop d'ala i
adéu-siau, companyes, i torneu quan volgueu.
Aus de bellesa, m'agradaria jugar am vosaltres,
esser el vostre amic!

Mentres així l cor se me n'anava amb elles,
baixaven carretera avall els caçadors de gavines.
Un instint de fer mal els hi portava, perquè les seves
victimes no ls servien pera menjar. Marxaven
avall fent cruixir les bòtes ferrades, penjada al coll
l'arma de fer mal. I al cap d'una estona ls veia
ficar-se en el Bidassoa i ensorrar-se en el llot com
escalapets negres, avançant lentament cap al vol de
les gavines que senyorejaven per l'aixut. Aquella
imatge fastigosa esvaïa davant meu l'illusió de
bellesa, com els dolents que m persegueixen esvaï-
ren un dia les illusions dorades de la meva joventut.

Les gavines s'alçaven esvalotades, marxant dis-
perses riu endins, i el tret fuetejava l'espai, i una
au, am les llargues ales estirades, queia aplomada
sobre l riu..Pobres companyes meves, fugiu endin-
tre, torneu's-en cap al mar, aparteu's-en de l'home
que mata per un mal instint! El cel i el mar i les
montanyes ploren, l'au de bellesa és morta, les
seves blanques ales no tornaran a batre airosament
l'espai. La bellesa és la mèl de la vida, l'ànima

immortal de la realitat. Però tu, escalapet, bestia estupida, per què hi ets en el món?

Els homes no saben estimar i maten la bellesa. Les ànimes són malaltes d'un mal de mort. Mentres no llencis l'arma que portes al coll, seras dolent. Crema-la, cremem-les totes, que la fusta s'abranli i vingui cendra, que s fongui l'acer i el ferro en aquest foc de germandat. I cada hú dins del seu cor hi encengui una altra foguerada i hei cremi ls mals instints.

Mai més serem germans si no destruim les armes de fer mal; mai més les cremarem si no purifiquem nostres cors.

Així la meva ànima en el silenci de la nit aixecava l vol. I a dalt de la volada l meu cor s'escruixia de mirar cap avall i veure l'humanitat sagnanta revolcar-se en el llot dels mals instints: els homes esgarrapant-se les entranyes, els pares barallant-se amb els fills. Tant bo que fóra d'estimar-nos tots!

Mentrestant la nit havia anat caient i les aigües del Bidassoa, inflades per la maror alta, s'havien extès silencioses pel jaç del riu. Una caputxa de tenebres havia caigut sobre ls meus ulls; les gavines no hi eren, els homes negres també havien marxat. La natura s'envolcalla am crespó de dol, i del pedriç estant no més sentia la fonda remor de les ones que tempestejaven allà baix sobre la platja. Allí fins les tenebres són poetiques. La jaça del Jaizquibel s'alçava més majestuosa que mai, reflectint-se en les aigües adormides del Bidassoa.

I al peu mateix d'Hendaya, quasi perdudes en la foscor, les barques dels batelers semblaven caixes de morts abandonades.

A l'anar-men vaig pensar en la pobra mare, que era a casa tota sola, i em va venir un remordiment de tenir-la abandonada a l'hora en que s desvetllen totes les tristeses. I vaig allargar el pas.

—No sé per què ho fas de venir tant tard,—va dir-me.—Tinc una por, tota sola, quan se fa fosc!—

IV

La mare havia anat a Irún i portava l diari. L'indult!

—Mare, ja podem tornar a Espanya.—

Atura-t a reposar, ànima meva, deixa-m recordar les llagrimes que aquell matí va plorar la mare.

L'indult! Ja ets com els altres, ja no ets un avorrit de la llei. Vui sortir, vui córrer a contar-ho a tot-hom, el cor no m cap a dîns del pit i he de saltar i cridar perquè les cames i els braços em tremolen d'un esplet de vida que vol rompre l glaç de totes les tristeses.

Aleshores la mare va contar-me la seva prometença. Totes les nits l'havia acompanyada de les oracions més pures. Tu, que tens allí dalt de la montanya l santuari dels teus dolors, si ve un dia que pugui anar-men amb el meu fill d'aquestes terres am tota llibertat, vui pujar a veure-t pera adorar-te an els teus peus.

En la mateixa jaça del Jaizquibel, a dalt de la carena, hi ha l'ermita de Guadalupe, tant visitada pels religiosos dels país basc. La llarga punxa que cimeja l'ermita s veu de per tot trencant la silueta de la montanya. Cada any, per la mateixa diada, puja al santuari una processó de Fontarrabia, i la mare, que havia sentit contar els miracles d'aquella santa imatge, sempre que anava cap a Irún no podia menos de resar-li una oració i d'encomanar-li la llibertat del pobre perseguit.

El dia de l'indult no sabia com dir-me si l'hi volia acompanyar. Aquell any de penes tant amargues havia desvetllat en el seu cor les idees religioses de quan era petita i tenia por de la meva impietat. «Sembla mentida,—de vegades me deia,—que no hagis pensat mai en Déu quan te volien matar.» I jo, fred com la mort davant de les creencies esvaïdes pera sempre de la meva ànima, me sentia enternit de pensar que eren les de la mare. Per això aquell dia, coneixent-li l'intent, vaig anticipar-me a proposar-li si volia que l'acompanyés a Guadalupe quan hi pujaria pera cumplir la seva prometença.

A l'endemà a la tarda baixavem carrer avall i ens embarcavem en el port. Els hendayesos, veient l'alegria de la mare, diu que sermonaven: «Pobra dòna!».

A l'ultim, el podia passar aquell Bidassoa. El basquinyo, tot apariant la barca, xerrava alegrament amb els altres batelers de dalt de la muralla. Devien parlar de mi aquella bona gent, però jo no estava per ells. Anava a desembarcar en aquella terra prohibida de l'altra banda, una terra que no havia trepitjat mai, que no podia esser la meva patria perquè la gent no hi parlen com jo, i pensava en les moltes vegades que, arrastrat per un desig de revolta, havia aprofitat la maror baixa pera acostar-me del costat de la platja fins aprop de les cases de Fontarrabia, i en les tardes que, venint de Biriatú, arrancava pel pont de Behobia fins a passar la llinda que separa les dugues nacions.

El Bidassoa, inflat per la maror alta, s'extenia majestuosament per les amples riberes. La rienta vila del desterro sem presentava en silueta desconeguda, i aixi mateix en el meu cor, fins aleshores tremolós d'alegria, hi anava creixent un neguit estrany, l'engunia dels perseguits: allò de qui sap si t faran res. El guarda civil de l'altra banda ns va deixar passar sense mirar-nos, i el cor me va rebotre a dintre del pit i els ulls sem van negar.

La vella ciutat de Fontarrabia, que sembla posada allí perquè ls francesos tinguin aprop l'imatge poetica d'una nació adormida, clapejada de palaus enrunats, cercada de muralles, entoçunida en l'admiració de les grandeses mortes, no ns va entretenir gaire, i per camins desconeguts, preguntant d'en tant en tant als que passaven, guiats per la punxa de dalt de la carena, ens en vam anar cap a Guadalupe.

La mare, que s cançava d'anar a peu cap a Irún, no va queixar-se mai per aquelles dugues hores de fadigosa caminada. Al peu d'una font que surt al començament de la pujada ns vam aturar a beure i reposar. Després, a poc a poc, per la drecera cap amunt, passant per un escorrancall de la montanya, vam anar deixant darrera nostre ara una grossa creu de pedra, i ara una altra i una altra, fins a catorze que n'hi ha abans d'arribar a dalt. Un cobert tancat amb un reixat de ferro sopluja un Cristo clavat a la creu.

Tota la vida recordaré l'enterniment d'aquella caminada: la mare, rejovenida per la fe, i jo, amb el pes de les creencies mortes damunt del cor; gloriosa ella de la meva tolerancia, i jo estabornit del goig que li donava acompanyant-la a l'ermita religiosa. Aixi hem d'estimar, i al respectar els defectes dels nostres germans sentirem tots envaida l'ànima de la dolça joia que jo sentia amanyagant els fanatismes de la mare, que tant havia sofert per mi.

La tarda era tranquila i congoixosa: el Desembre xeruc havia rovellat les rouredes que s desplegaven montanya avall, i el tou de serres baixes que s'extenia més enllà com més pujavem prenia de la claror migrada de la tarda nebulosa un color trist de desconsoladora bellesa. Les creus de pedra, aixecant-se feixugues de la roca, donaven un aspecte mistic al paratge.

Ja erem a dalt. A davant de l'ermita hi ha una placeta mirador per on deu extendre-s la gentada que hi puja am la pelegrinació de cada any; però aleshores no més hi havia unes criatures que ns miraven amb estranyesa. Al mig de la plaça, coronant la font que ja fa temps que no raja, hi ha una imatge barroera de la Verge, còm un escalaborn de cosa sagrada, rabassuda i d'un idiotisme mig-eval.

A l'ermita vaig deixar-hi la mare agenollada pera anar-men a la barana de pedra del mirador. L'espectacle de la Naturalesa, vista de dalt d'una montanya, sempre m'ha afectat. El cor bat més depressa i en el cap m'hi esclata una febre d'inspiració. Me sembla que aleshores soc més lliure que mai i la meva ànima exaltada sent l'impressió de l'infinit.

I aquell dia la comunió am la Naturalesa desvetllava en la meva ànima les alegries i tristeses del desterro, perquè allí, als meus peus, s'extenien els paratges platxeriosos d'Hendaya, Behovia i Biriatú. Paradís llunyà de la meva malaventura, no puc menys d'estimar-te pels records que m guardes i per la bellesa dels teus recons. Caminal d'Urrugue, que m véns a la memoria guarnit d'arbres alts i sense ombra, com plastic epilec d'una novela romantica; riberes del Bidassoa, que poetiseu el camí de Biriatú; platja d'Hendaya, que a les hores de la maror baixa t'allargues fins aprop de les cases de Fontarrabia; fondalades ombroses de Subernoa, on vaig fruir tant al perdrem-hi una tarda; casals de

Biriatú, perduts allí dalt de la montanya; i vosaltres també, recons d'Oundibarre i Lizarlan, camins de Behovia i de la Platja, espadats d'Abadia, pobles d'Urrugue, Sant Joan, Cibura i Socoá; si algun dia us puc tornar a veure altra vegada, per més anys que passin, ploraré d'alegria, que vosaltres heu sigut els meus companys i la vostra bellesa ha sigut el consol dels meus dolors.

D'un pensament a l'altro l meu cap anava repassant les impressions totes del desterro i les sotragades d'aquell any patibulari passat en el Castell. La llegenda dels llops m'esborronava com si encara m vingués de nou, i l'obsessió de la mort, amb els seus esglais i desesperances, tornava. En la meva cara retrunyien els petons de comiat de les victimes imaginaries, i les alegries dels dies de sol inflaven el meu pit. I, després, la vista dels de casa en el Castell, la sortida cap al desterro, la vida trista i reposada d'Hendaya, tot tornava.

Tot tornava com ofrena dolorosa a la llibertat reconquerida. Aquell róssec de tristes memories no m'havia de deixar mai més: els que m volien perdre no m perdonaran el delicte d'haver sigut la seva victima ignocenta. Els remordiments de la seva conciencia me ls faran pagar, voldran fer veure que jo soc un dolent pera explicar les seves persecucions. Enfonzem, ànima meva, en el recó més insondable totes les seves impureses i fortifiquem el nostre amor perquè ls dolors que vénen no l puguin esvair.

Però l meu cor no m'ajuda com jo voldria i anyoro la llibertat d'abans. M'atormenta la pena de saber que n'hi ha tants que m'avorreixen. No, no soc com els demés, no tornaré a esser-ho mai. I tu, pobra mare, que reses allà dintre davant del simbol de les teves creencies, t'enganyes tu mateixa quan penses que tot ja està oblidat, quan esperes tornar a recomençar la vida reposada en la meva ciutat natal, lliures de tota engunia. Resa, si hei trobes un consol; resa i plora per les penes que vénen, que aquella llibertat d'un altre dia no la tindrem mai més.

A l'hora de baixar sens havia esvait a l'un i a l'altre la poca alegria que teniem: ben segur que la tristesa de la tarda hi feia molt. Per això, quan al davant de la capella que s troba pel camí vaig tornar a veure la gran creu de pedra que té a fòra, vaig adonar-me d'un peu humà escapsat que hi ha en el socol i d'una llegenda castellana que diu: *Benehida i alabada siga la passió i mort de Jesucrist i ls dolors de la seva santa mare.*

Per la meva imaginació exceptica va passar aleshores la tragedia de la mort de Crist, despullada de tota idea sobrenatural. No més pensava en aquell home jove clavat en creu, sagnant de mans i plantes, avorrit com un lladre, negat dels seus, i aprop d'allí la santa màre, que am tot el seu amor no podia arrencar el seu fill de mans d'aquells que l'hi havien robat i que l mataren. Tu vas patir més que ell, tu vas patir més que ell.

Quan varem arribar a Fontarrabia l sol ja s'havia post i el basquinyo ns va menar pressa pera arribar a Hendaya abans de negra nit. Les aigües del Bidassoa havien baixat i s'havia de fer una gran marrada pera no quedar clavats a la sorra del jaç del riu. La mare arreglava un pom de floretes boscanes cullides a la vora de l'ermita pera donar-les a una bona dòna religiosa que s'havia alegrat molt del meu indult. I jo, ensopit, deixant-me gronxar ben bé pel balanceig de la barca, me mirava les flors i repetia mentalment les darreres paraules de la llegenda: *I els dolors de la seva santa mare...*

Llers, Juliol de 1898

INDEX

Lightning Source UK Ltd.
Milton Keynes UK
UKHW051214201022
410800UK00010B/697